Giornata Di Pioggia
Hole in One
Libro Da Colorare Per Il Pensionamento

Coloring Bandit

Pubblicato da Speedy Publishing Canada Limited

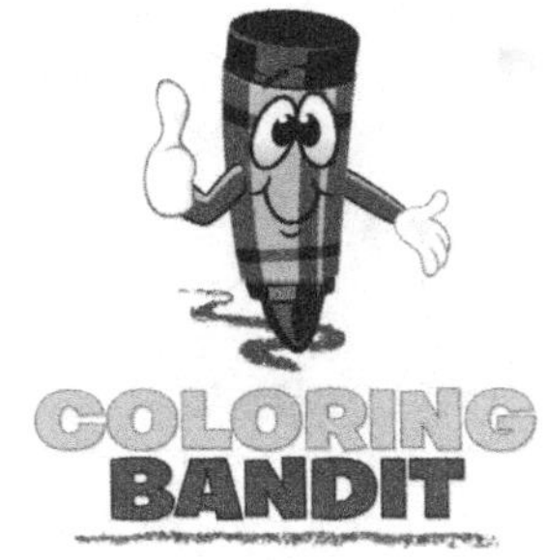

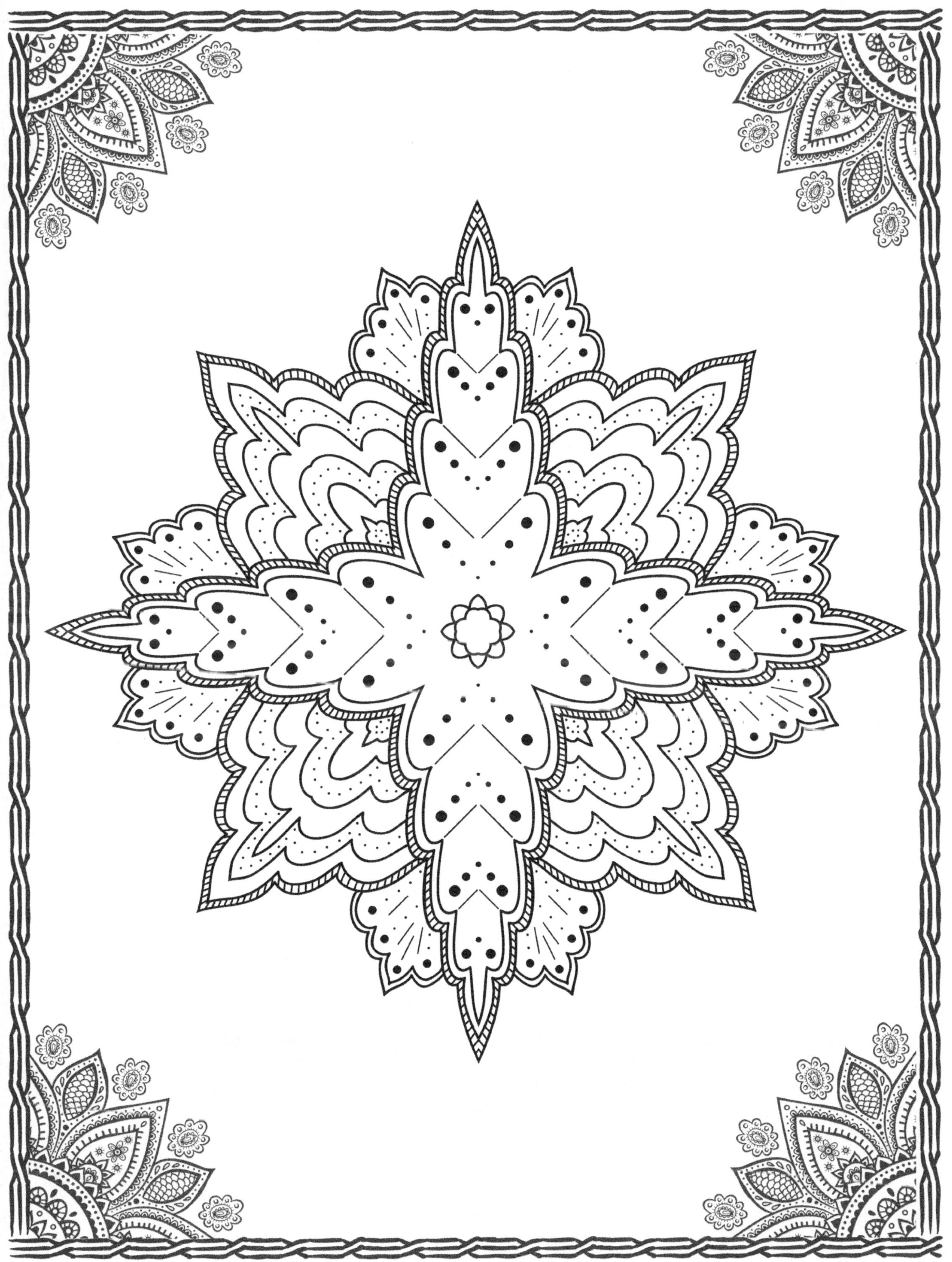

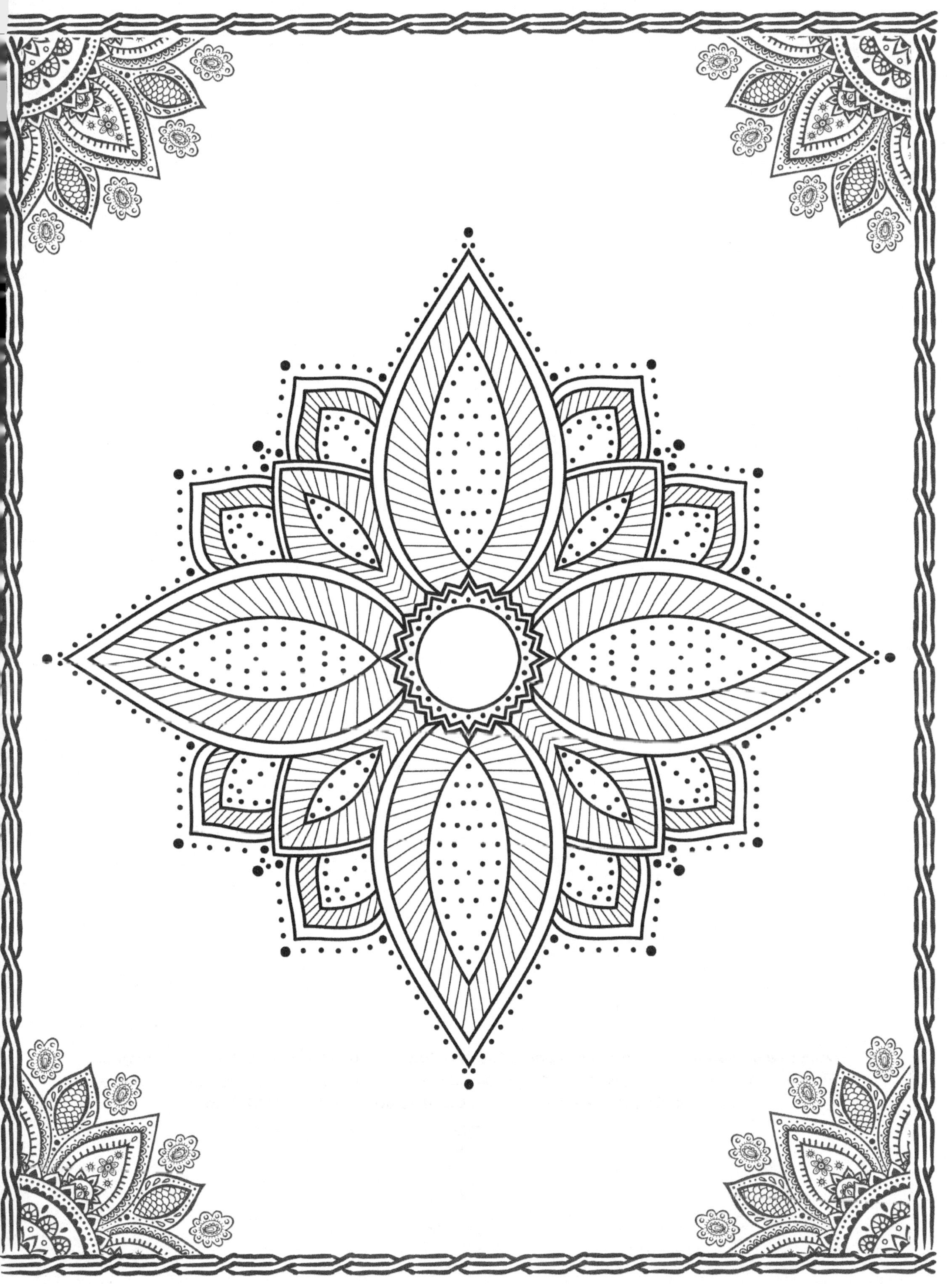

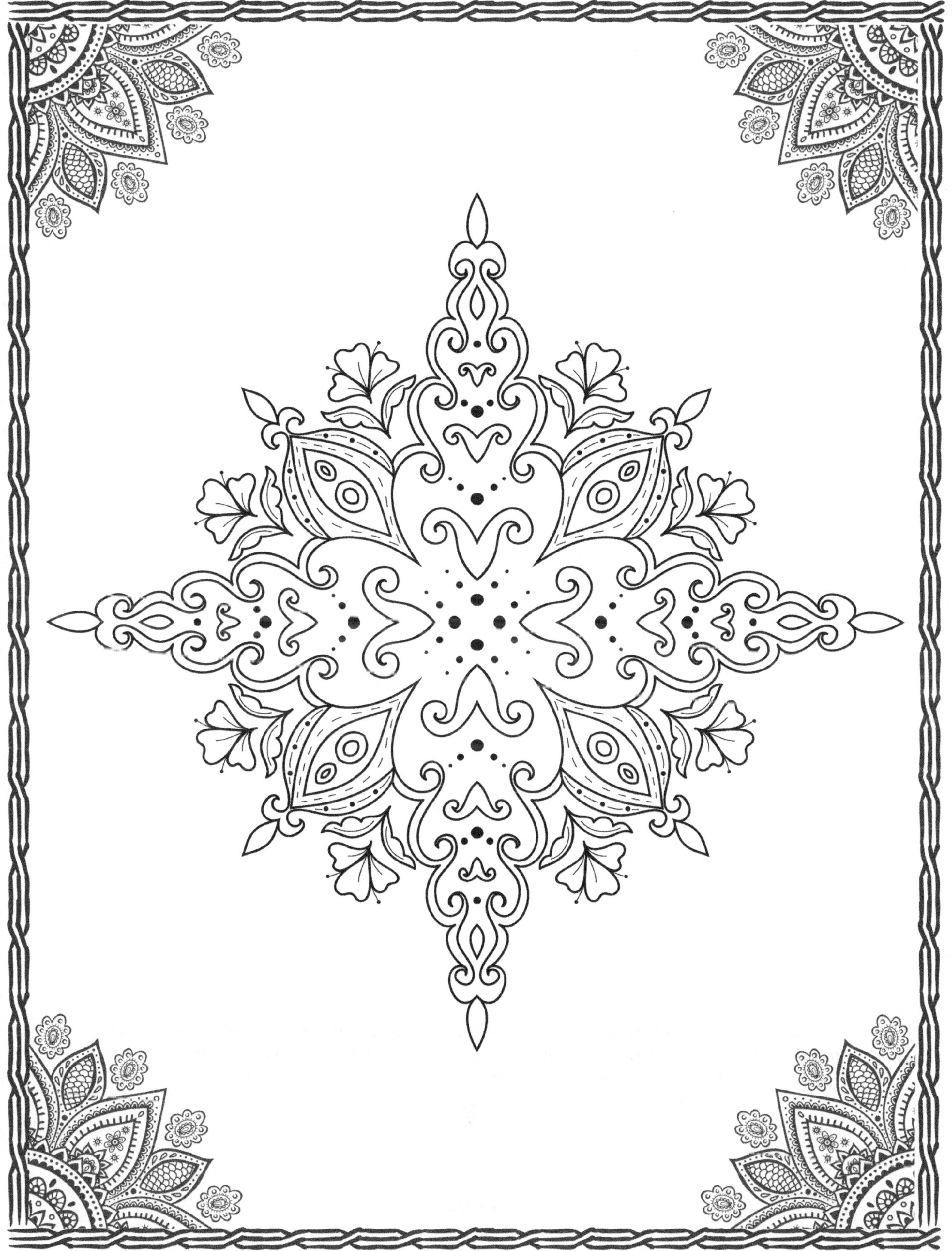

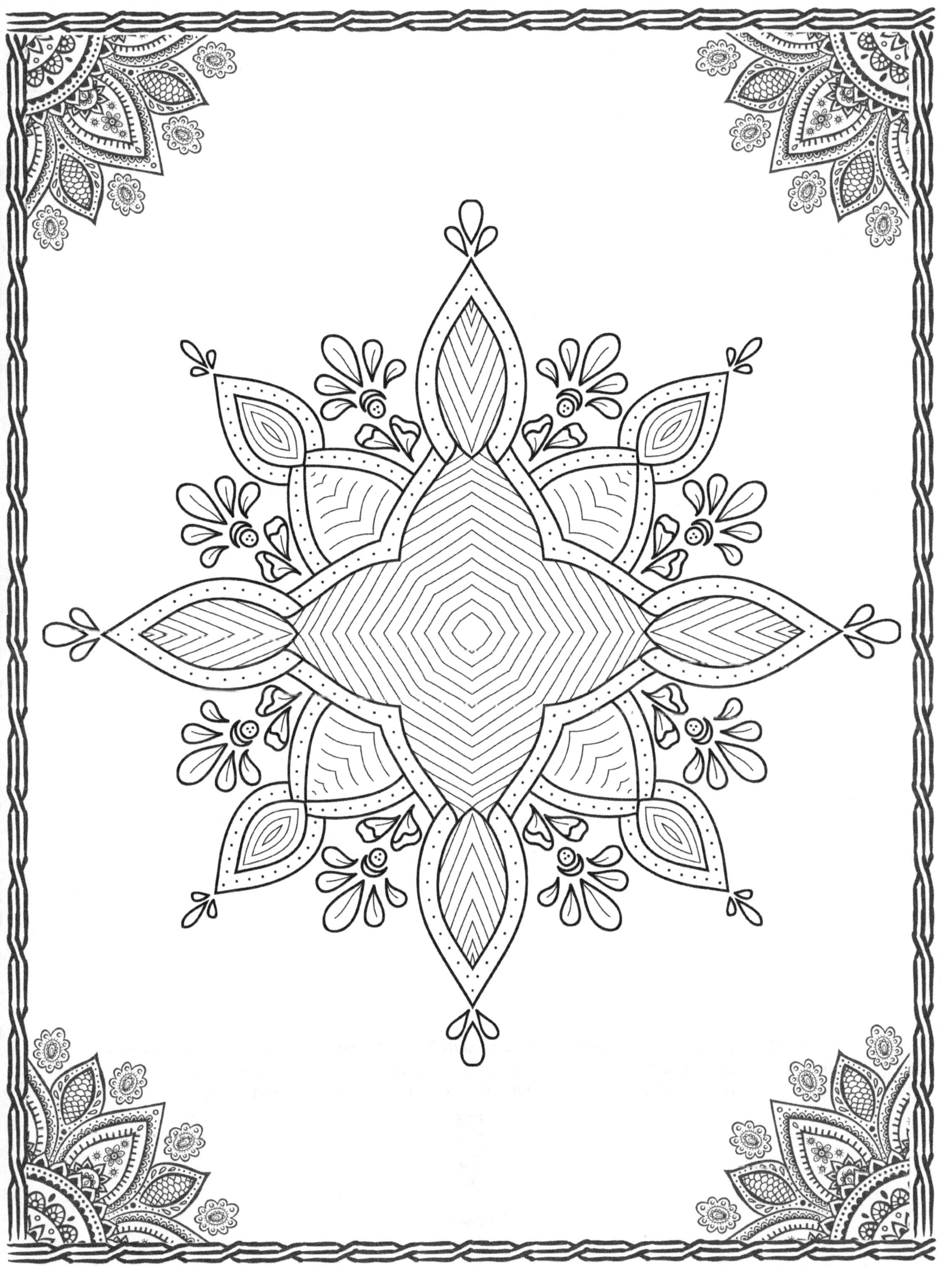

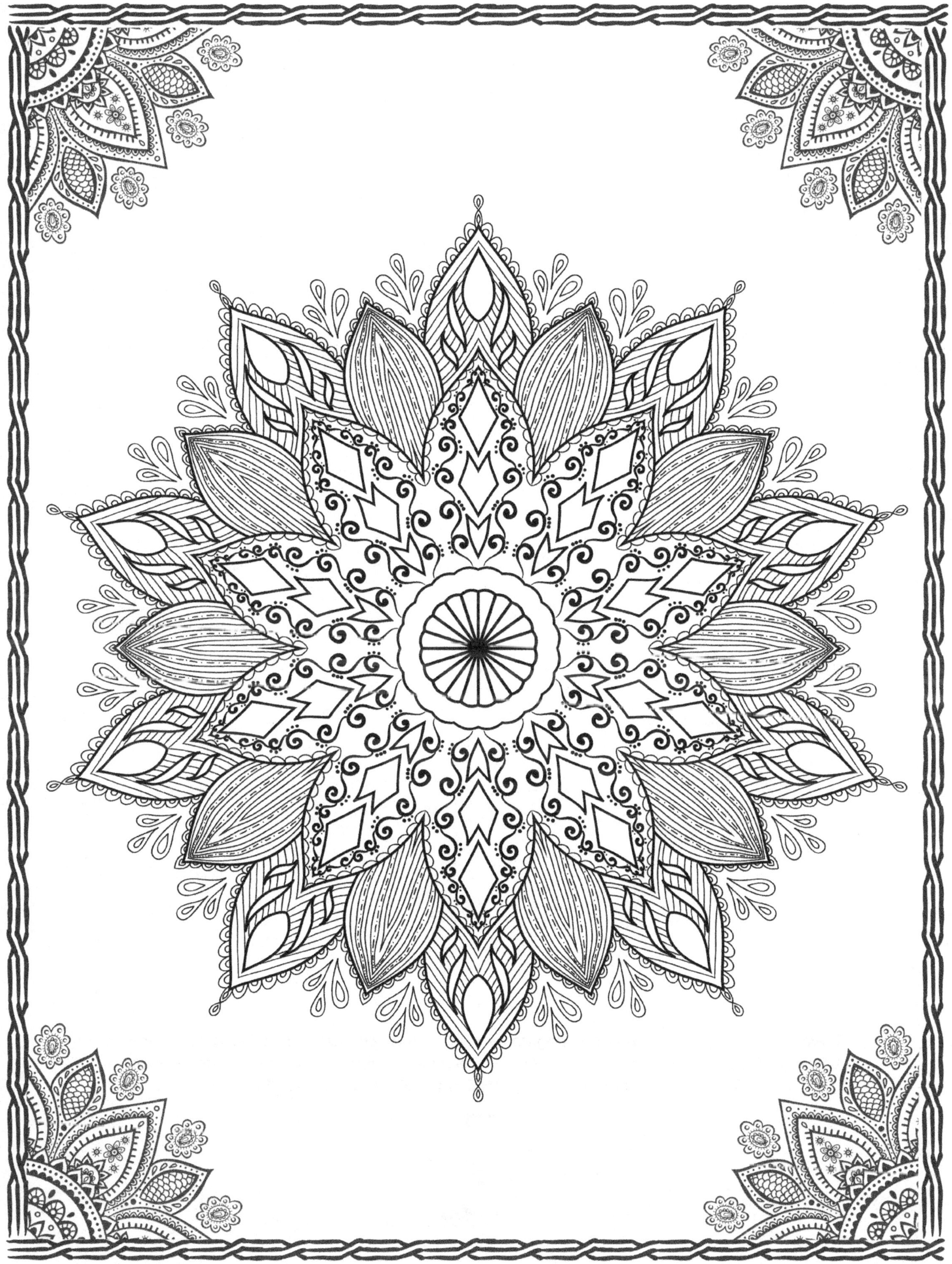

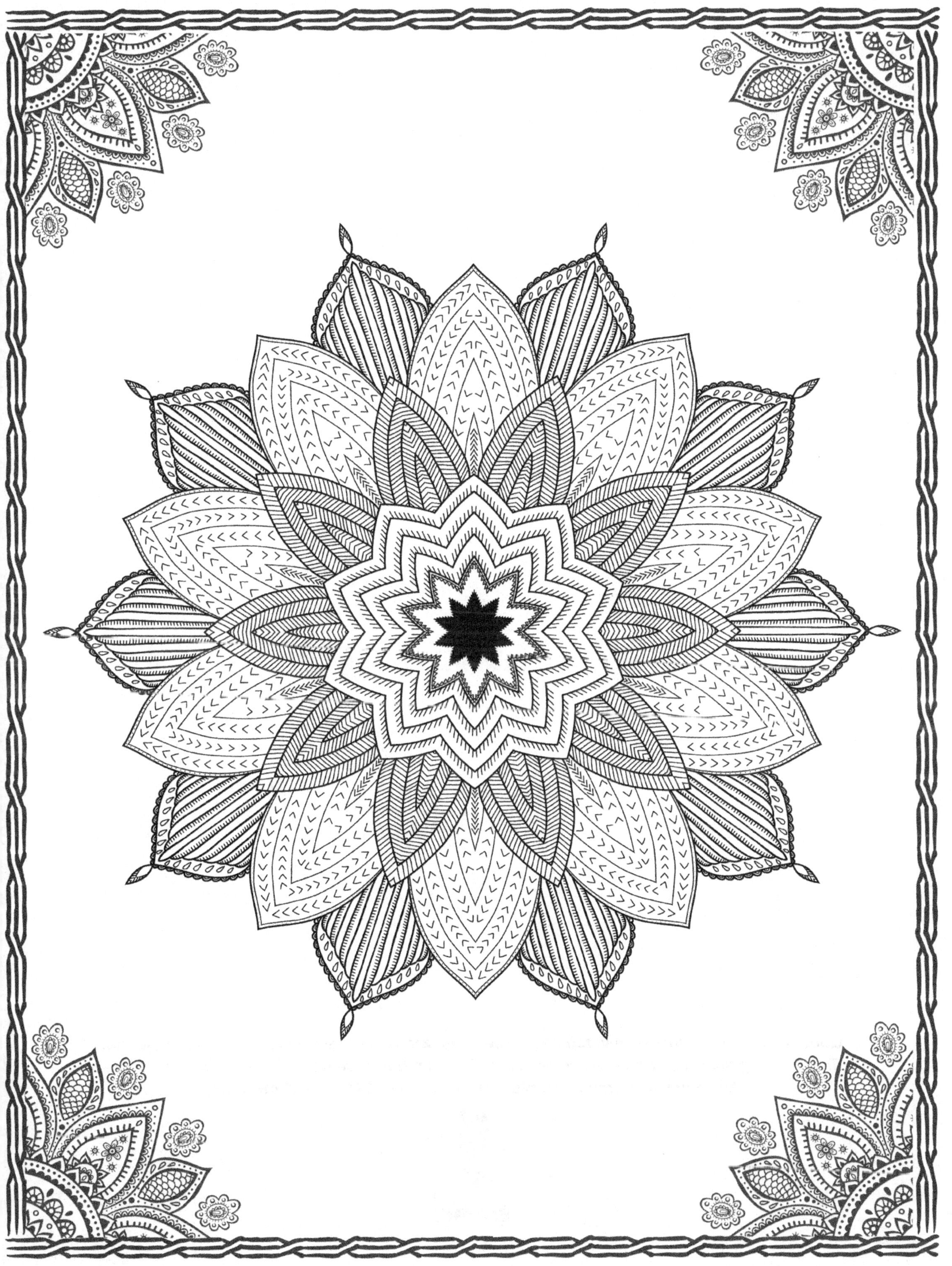

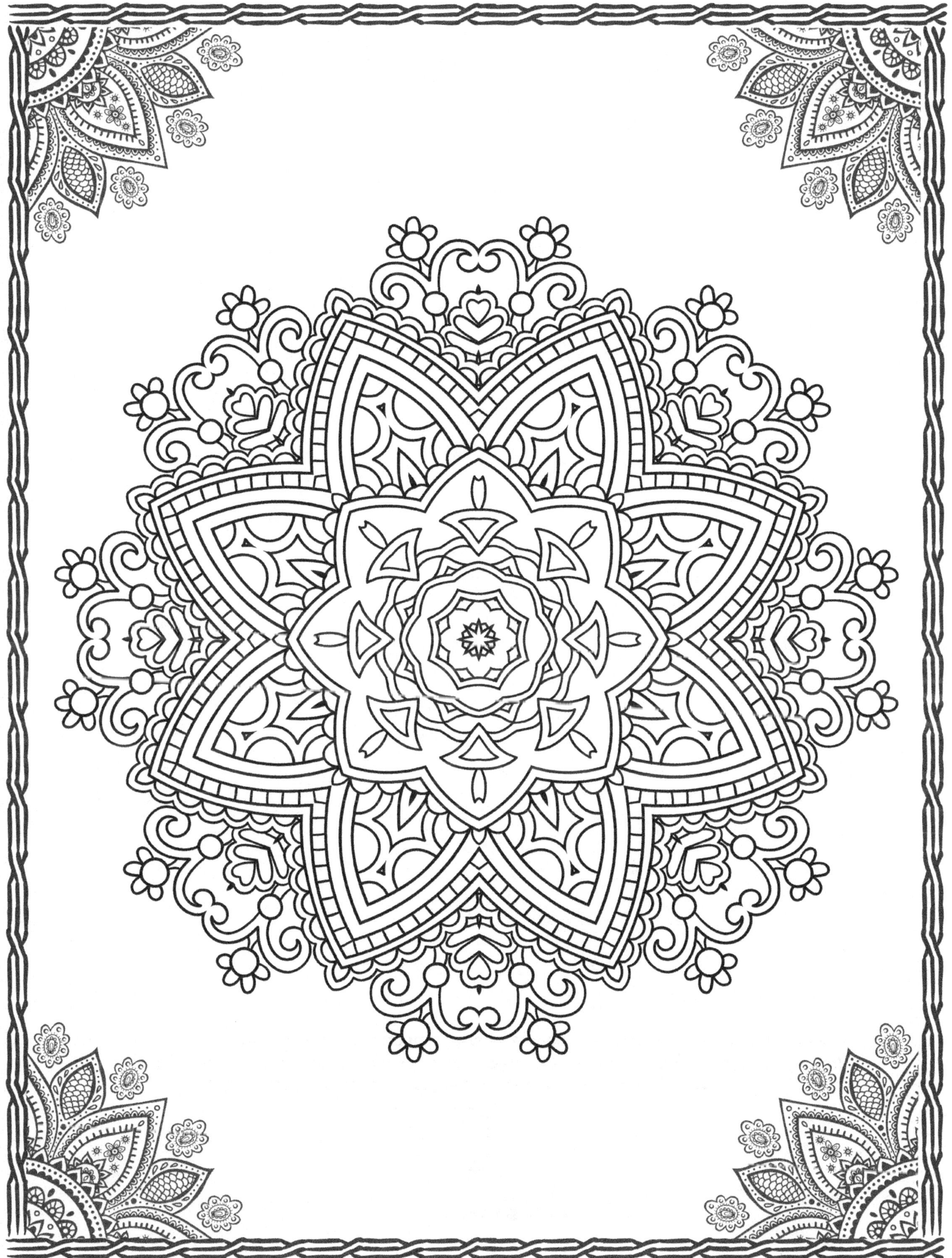

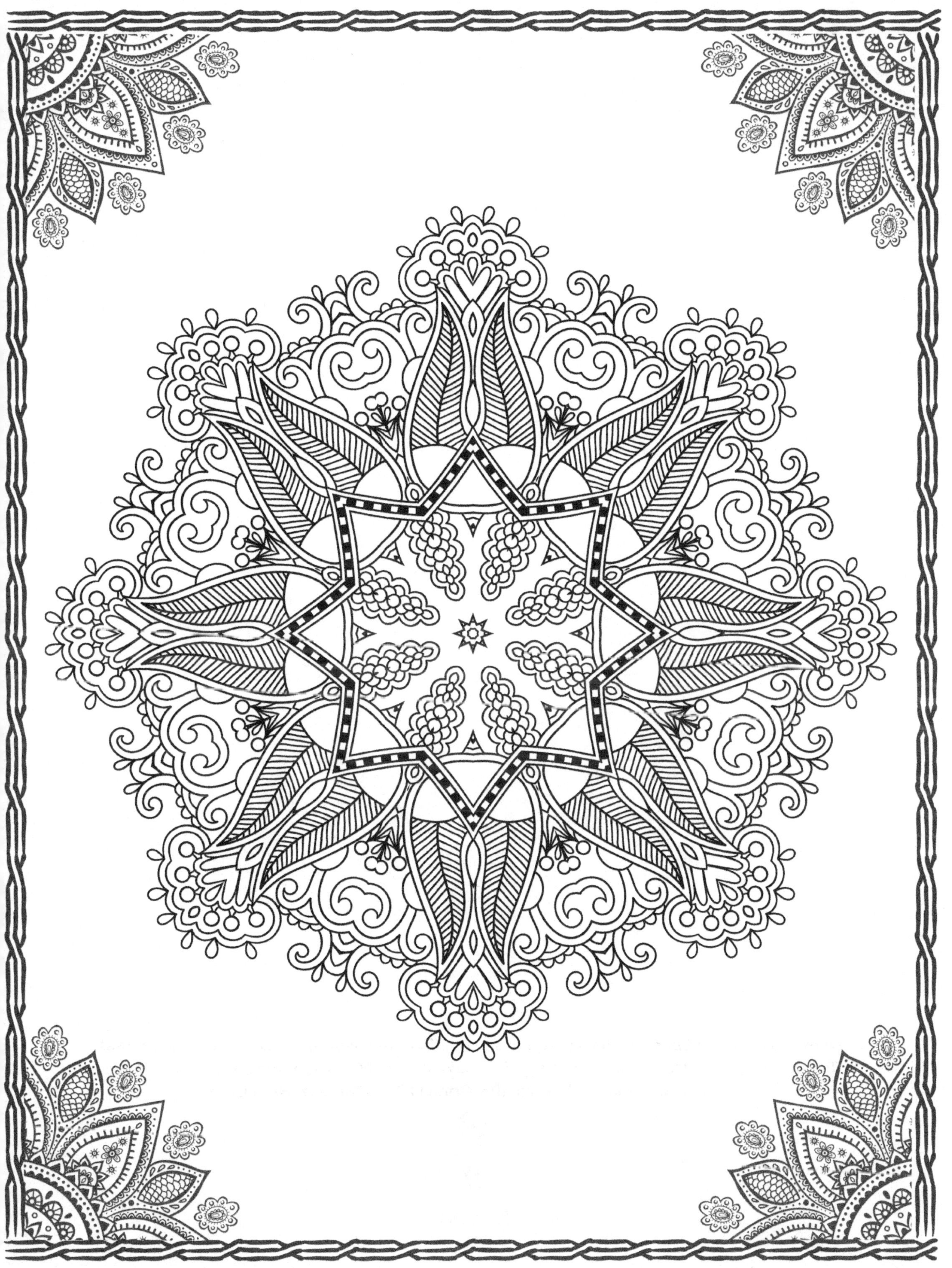

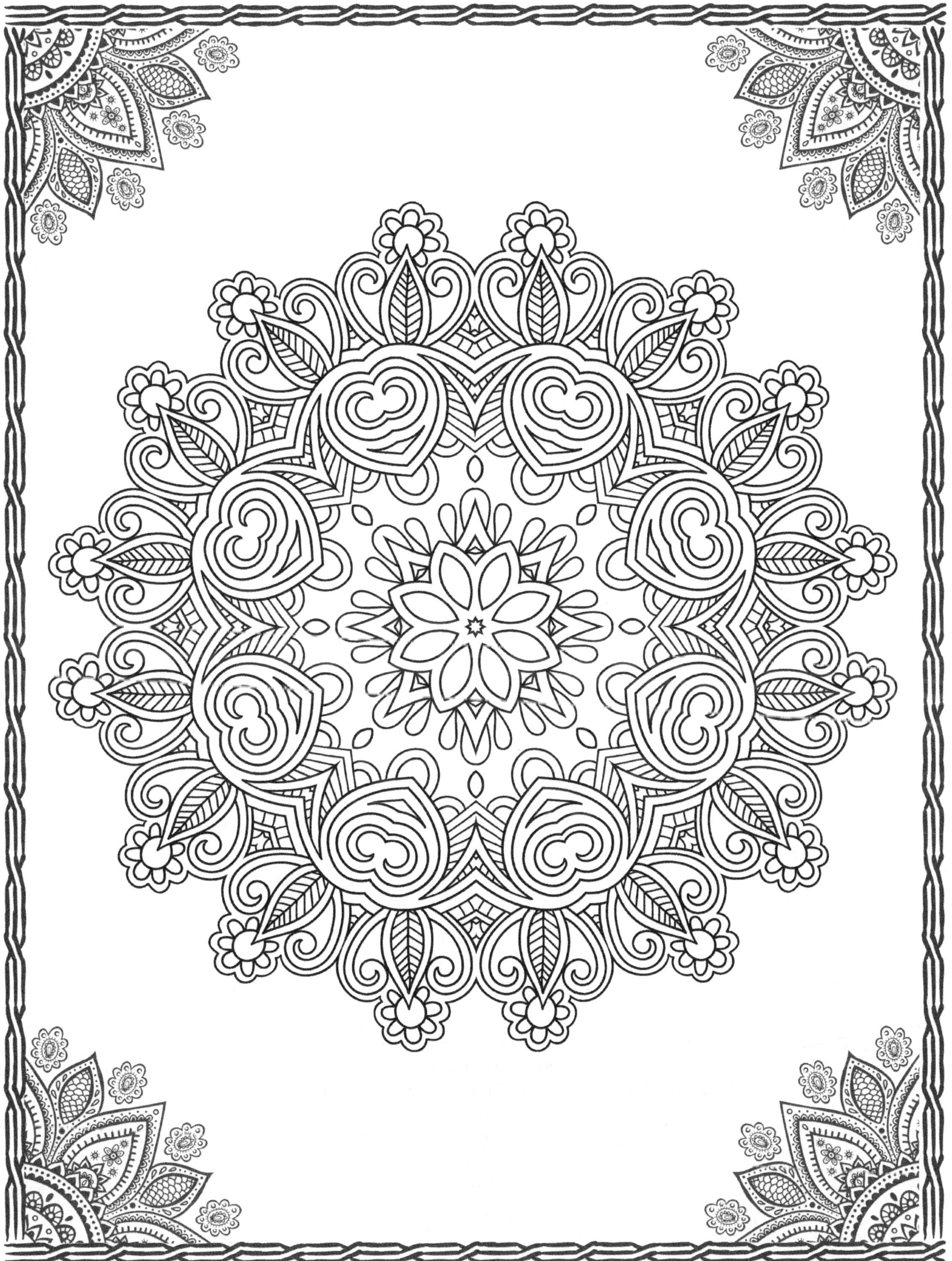

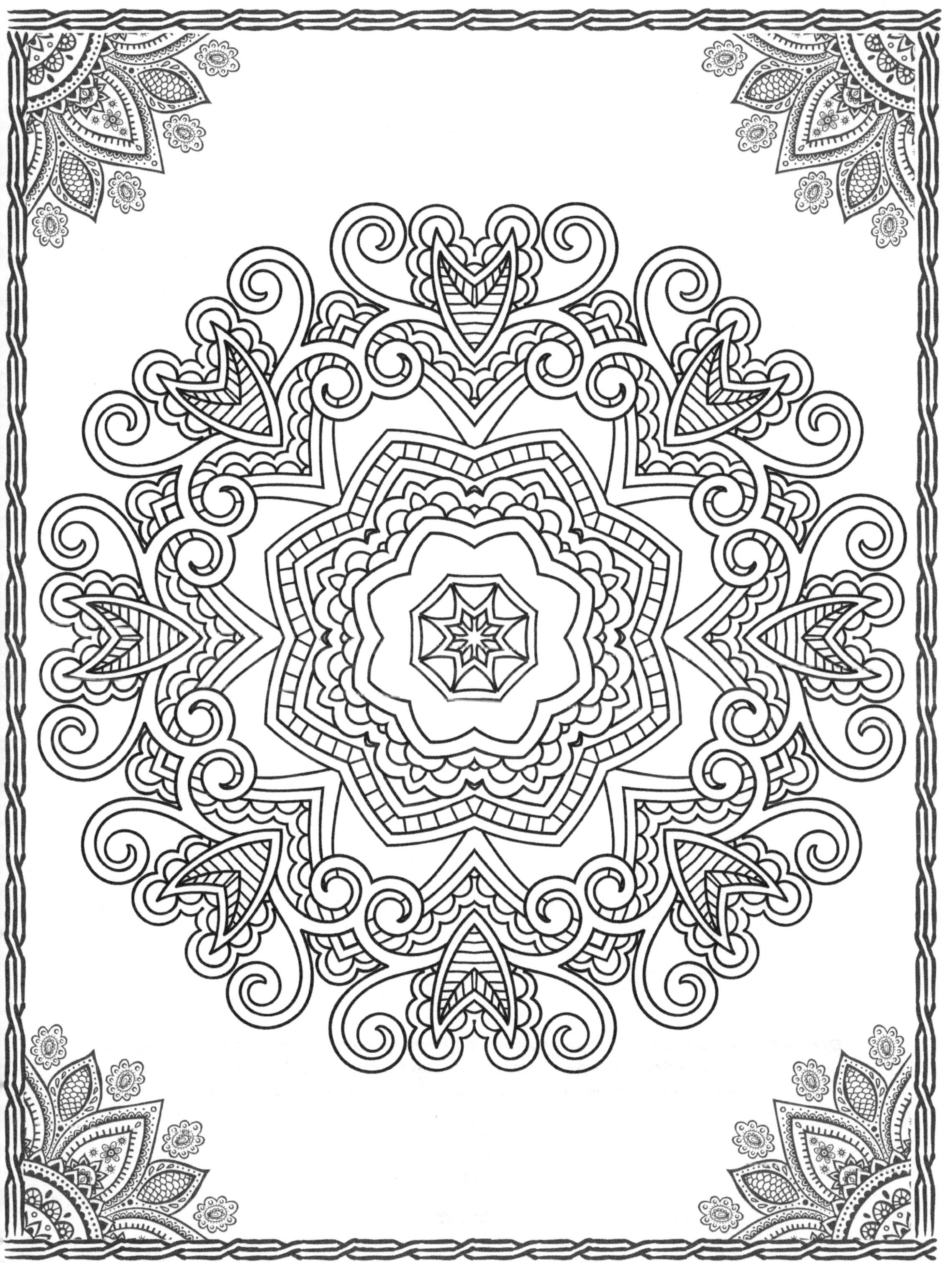

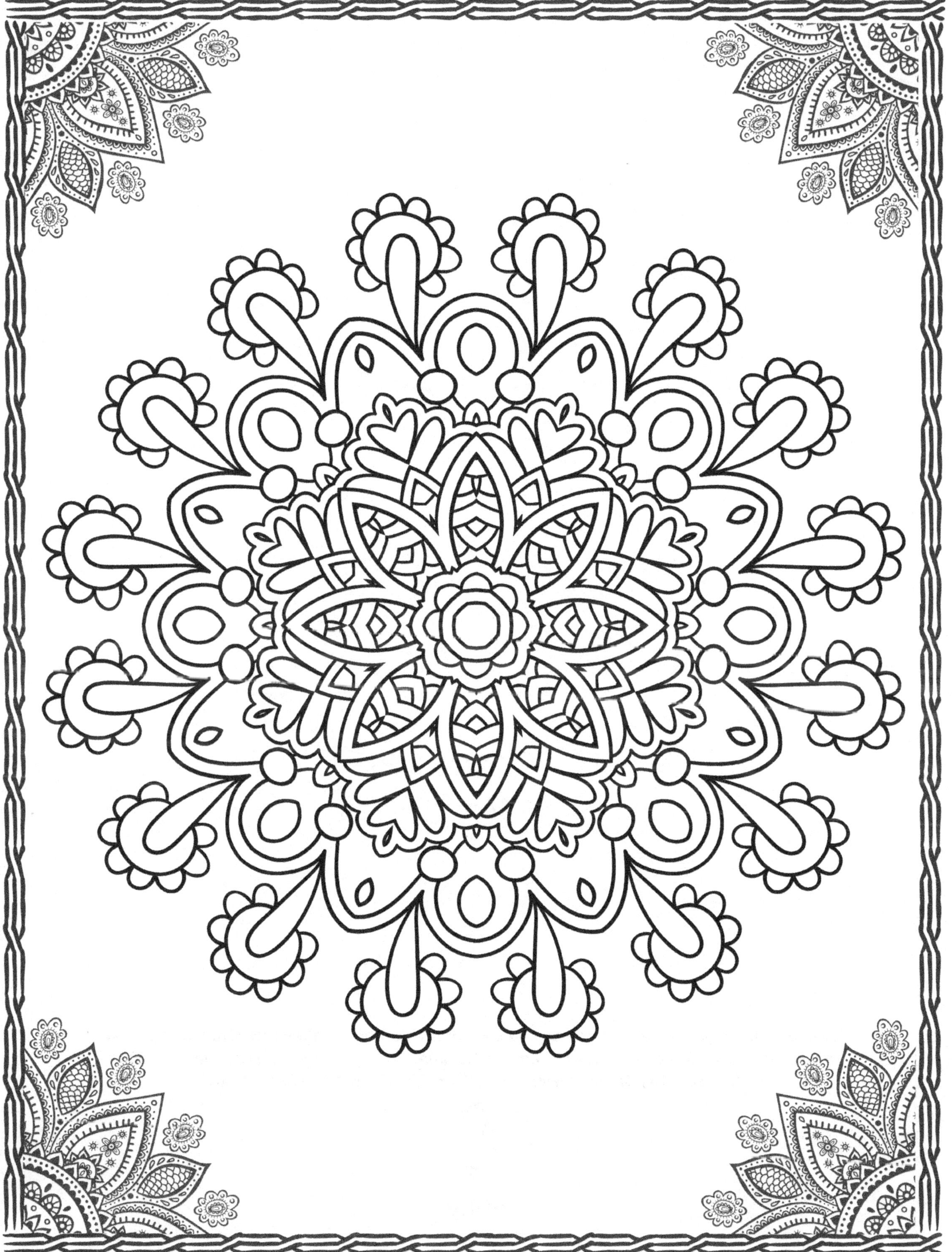

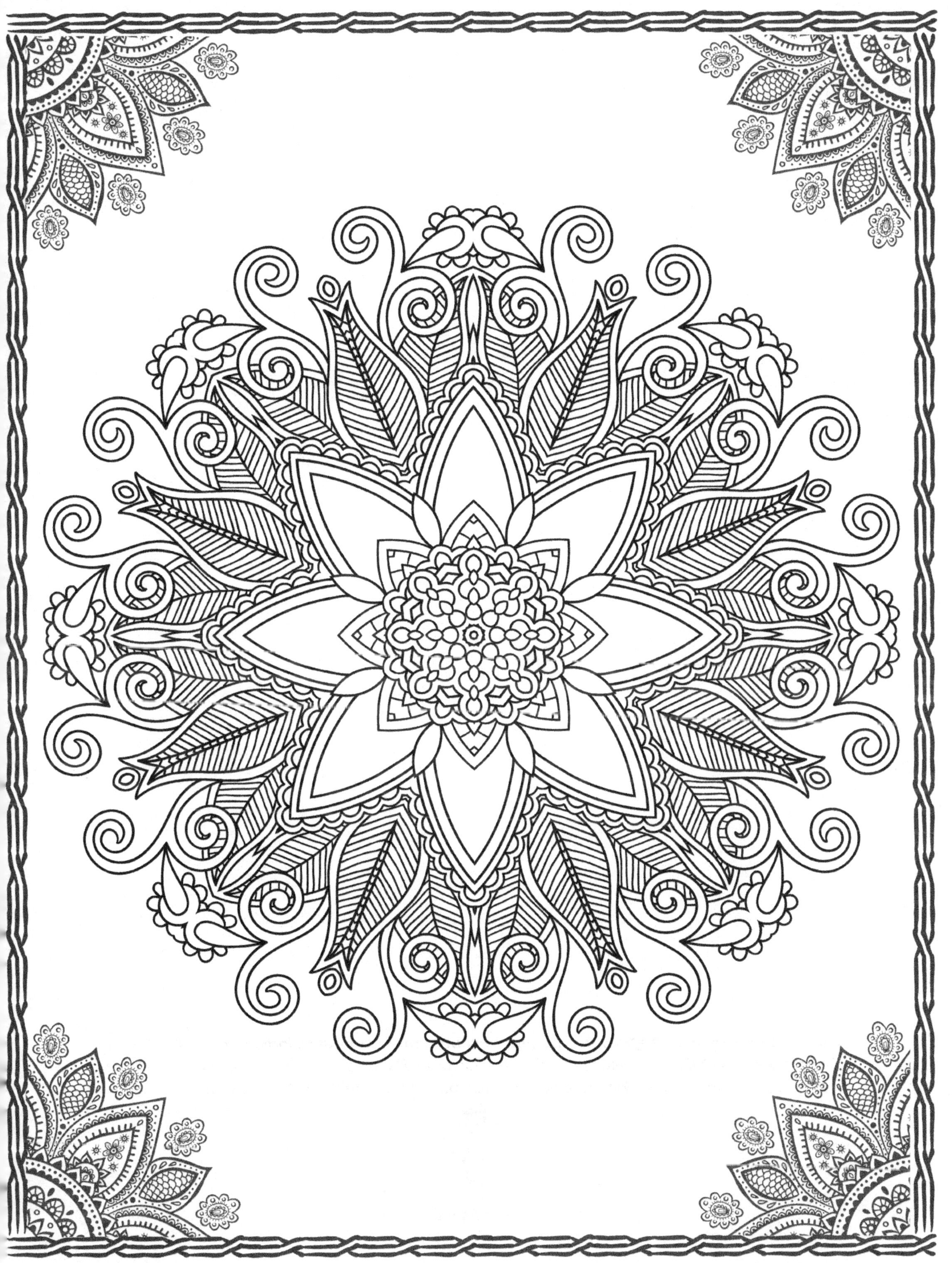

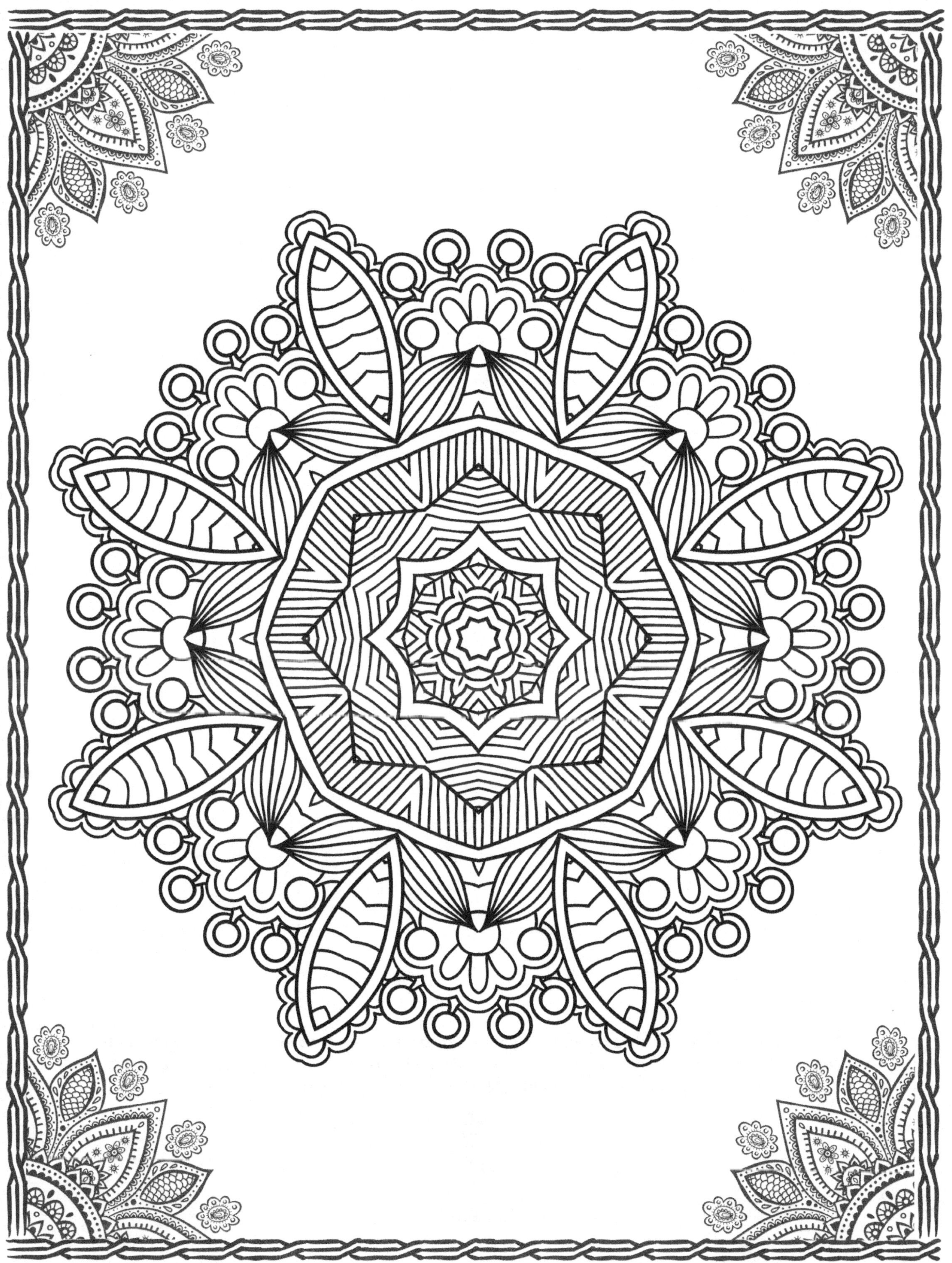

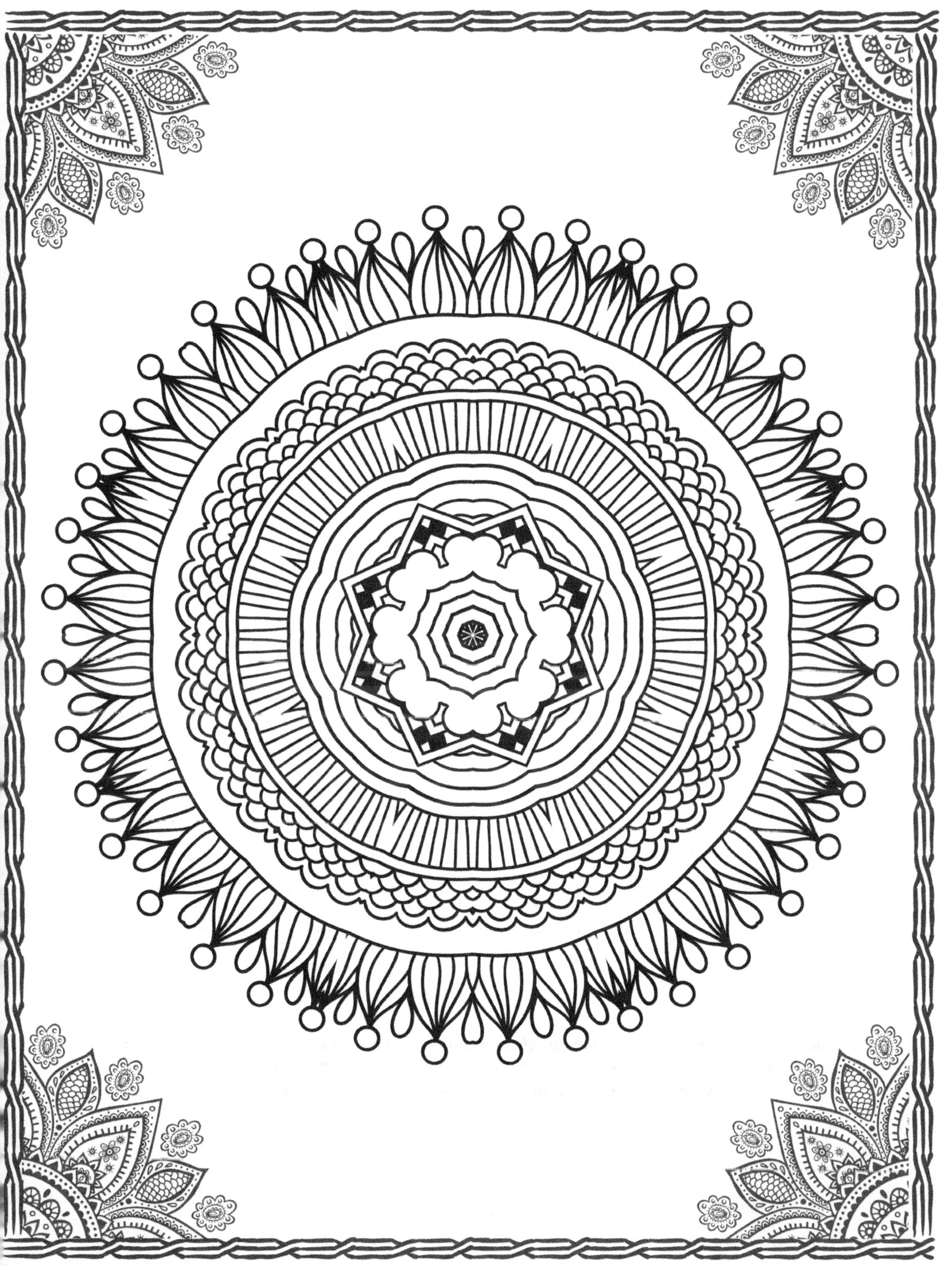

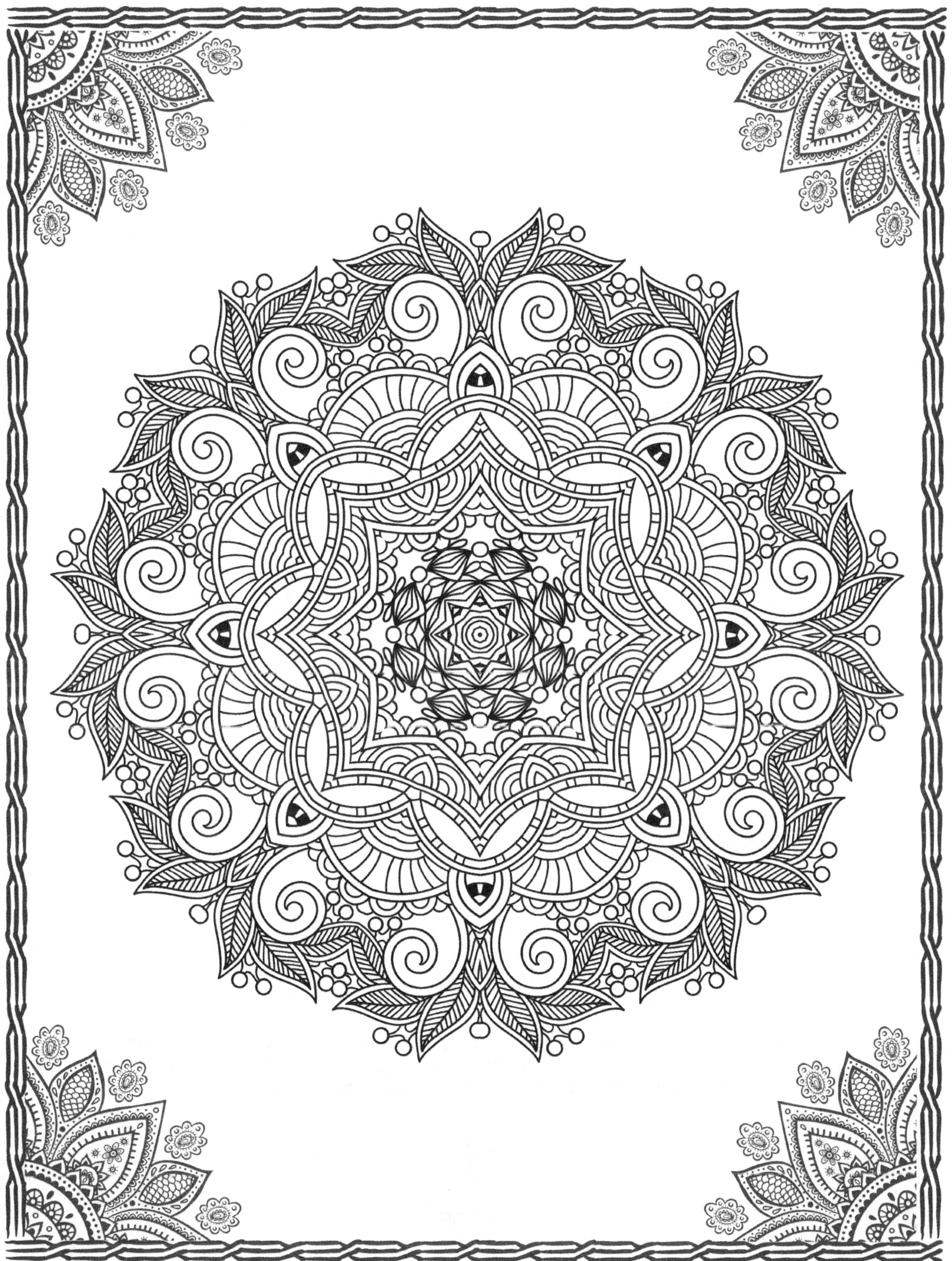

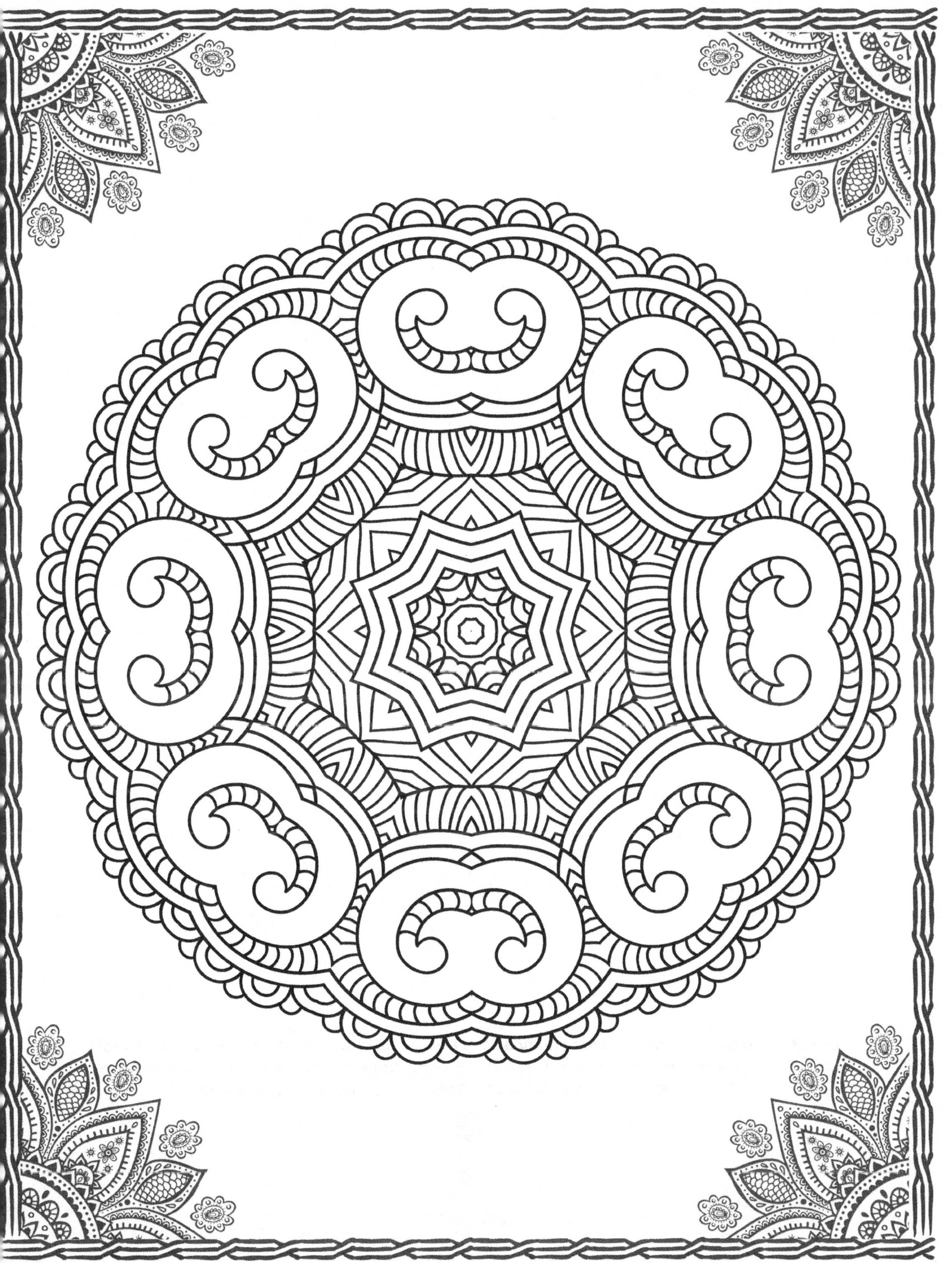

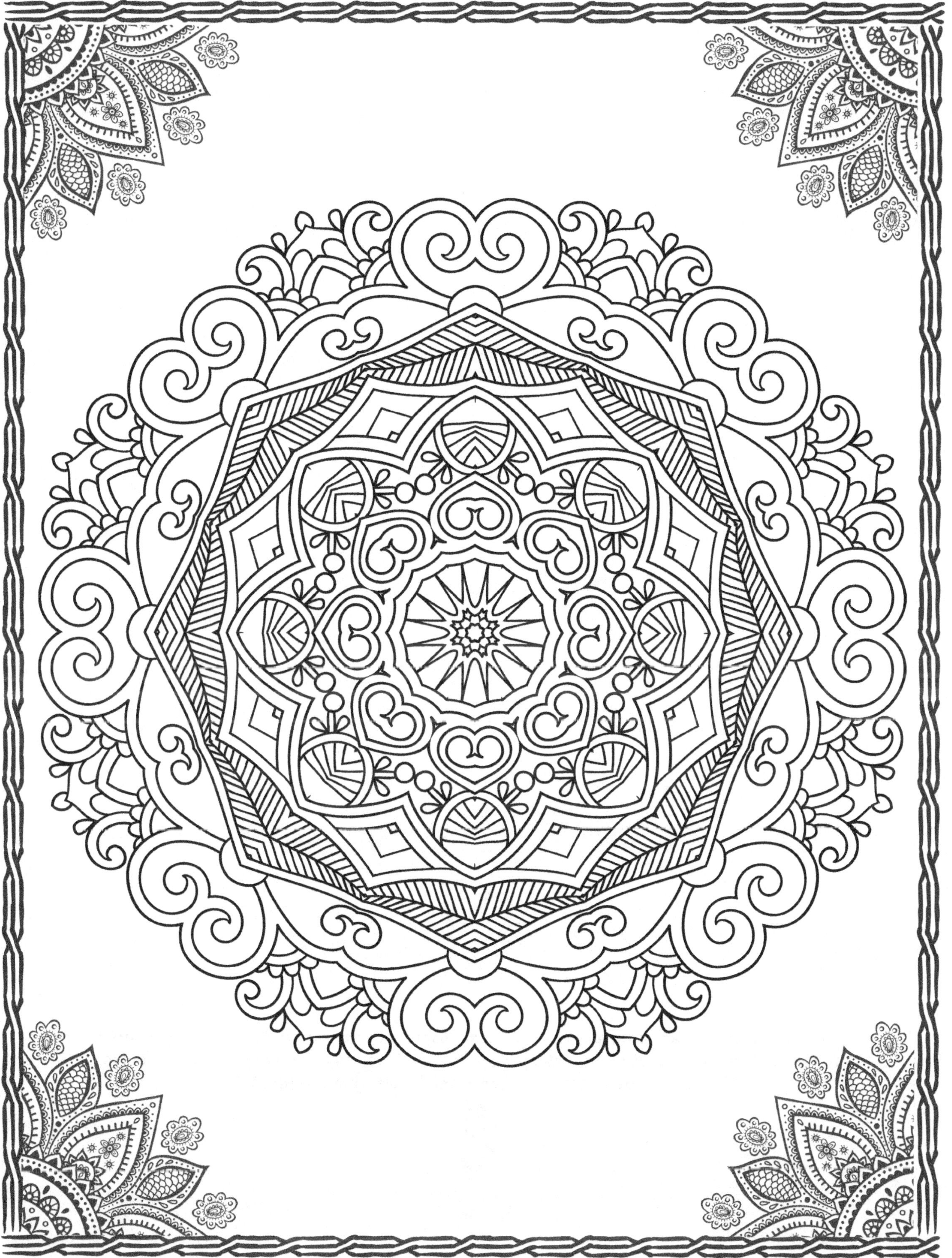

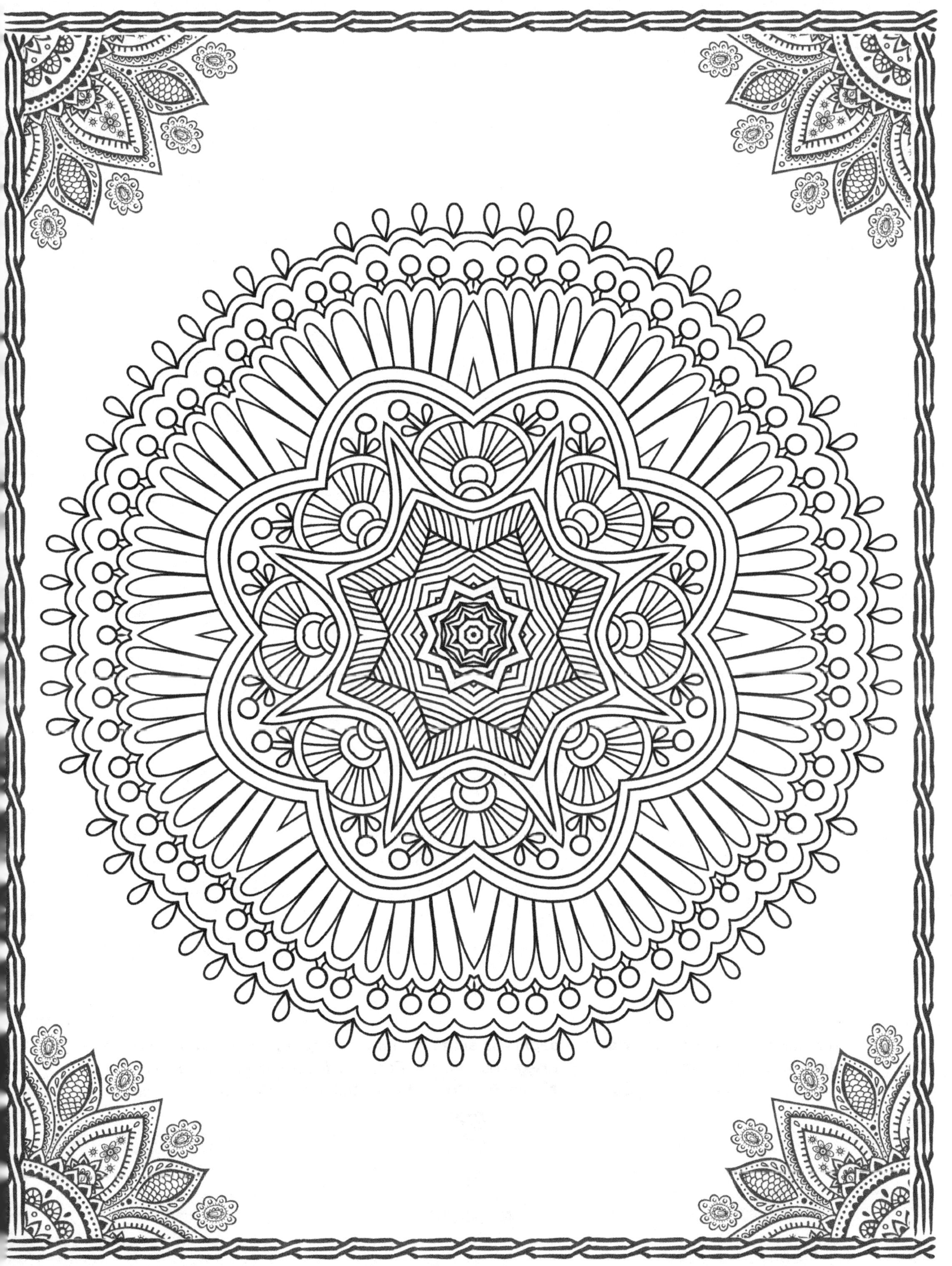

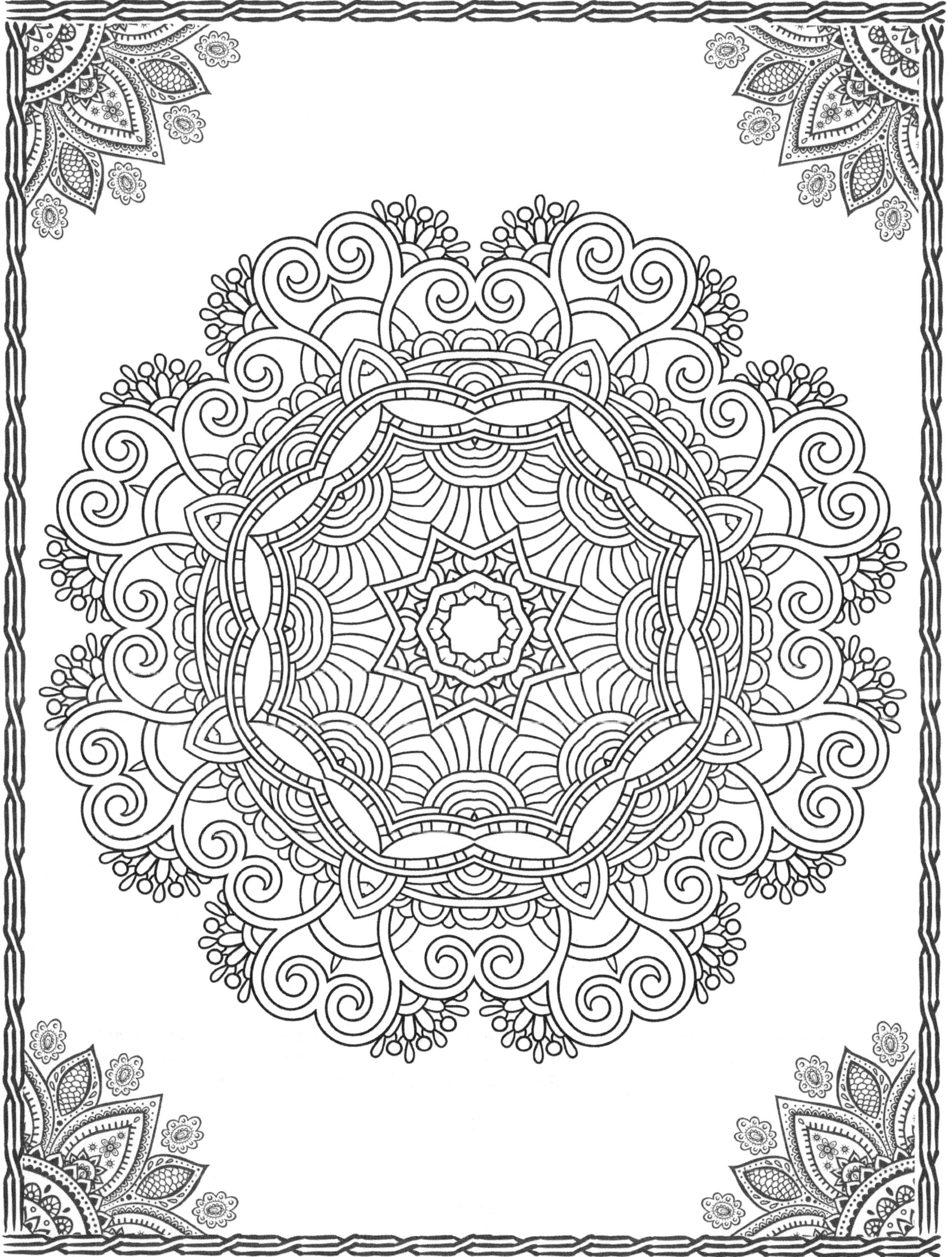

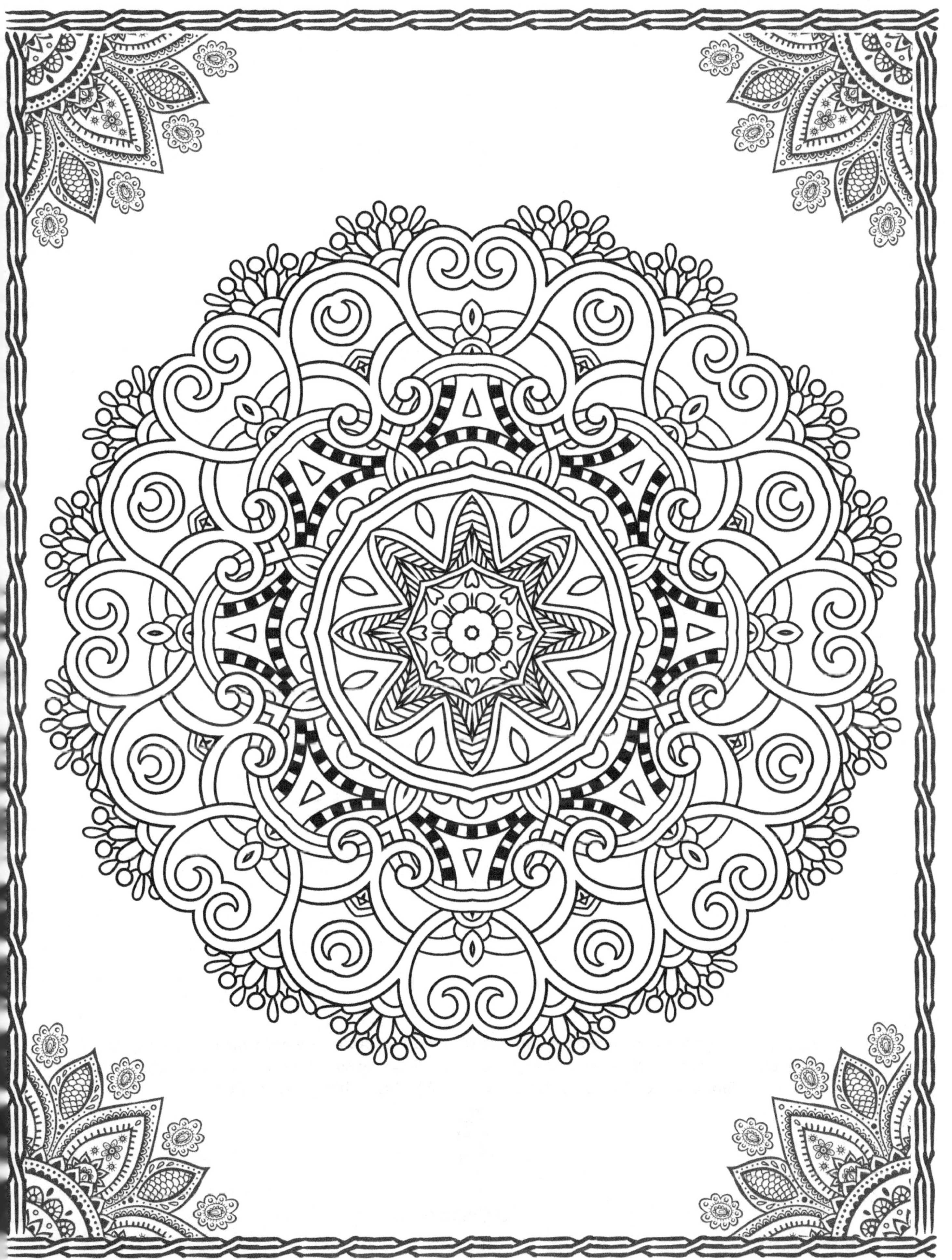

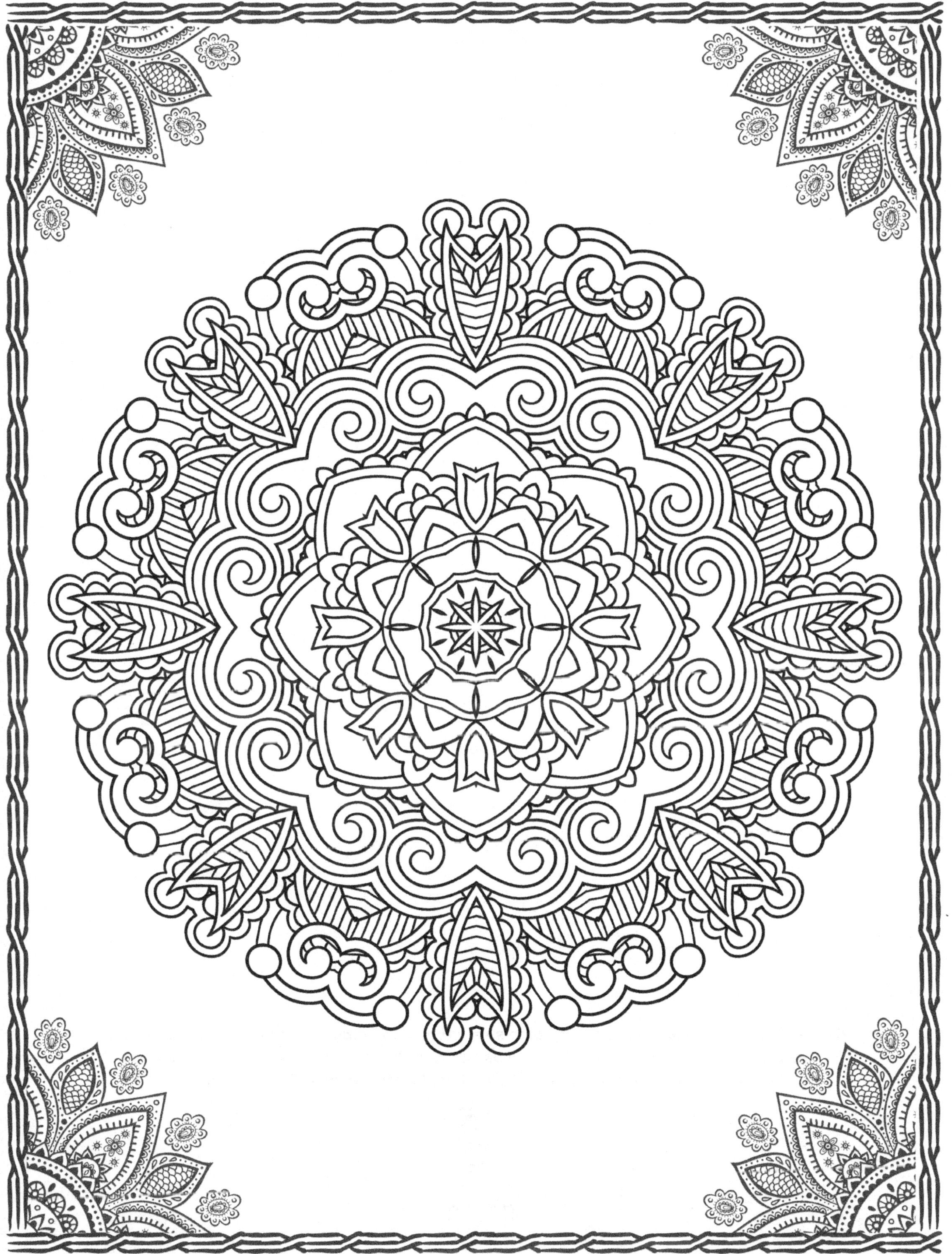

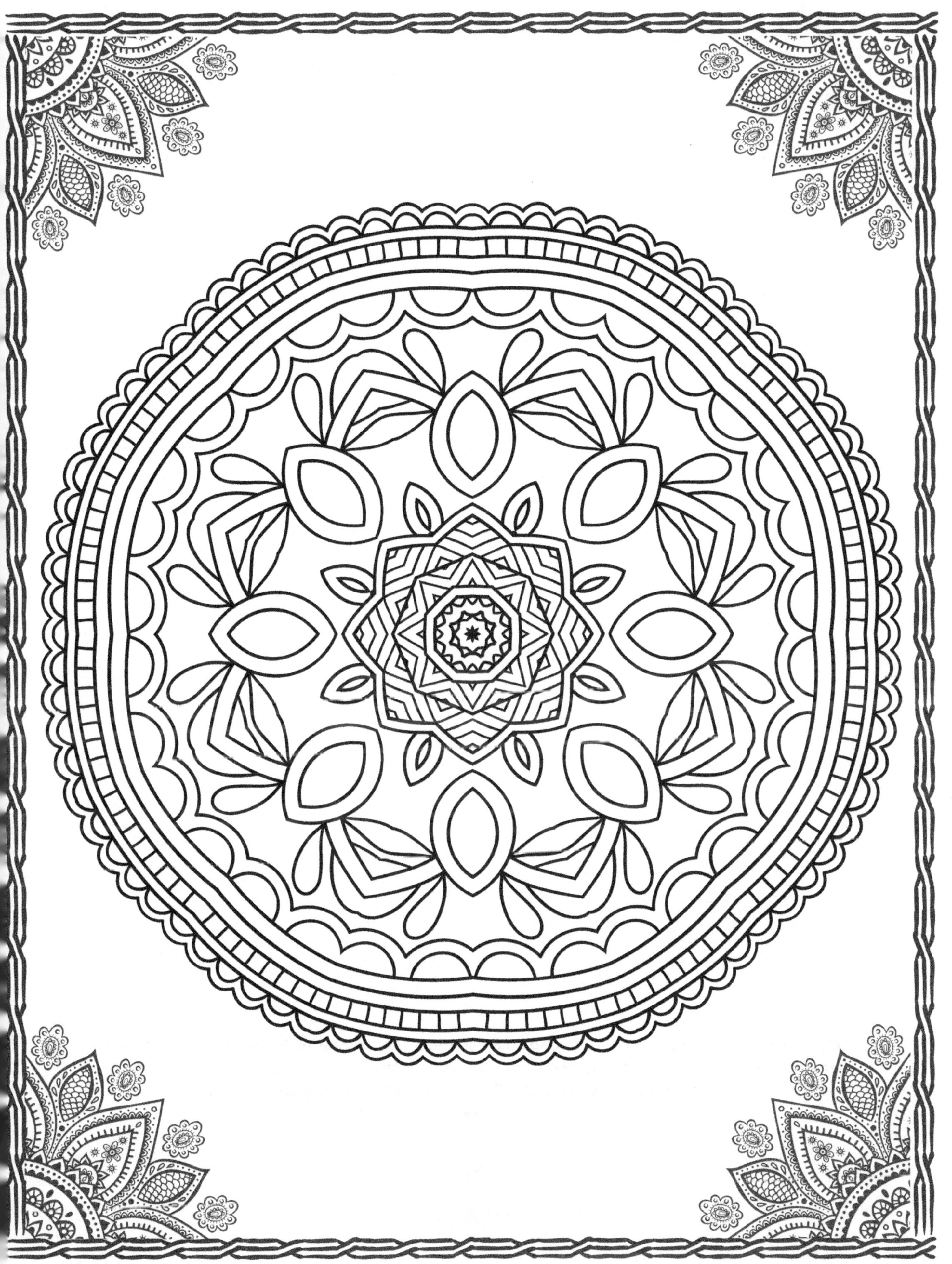

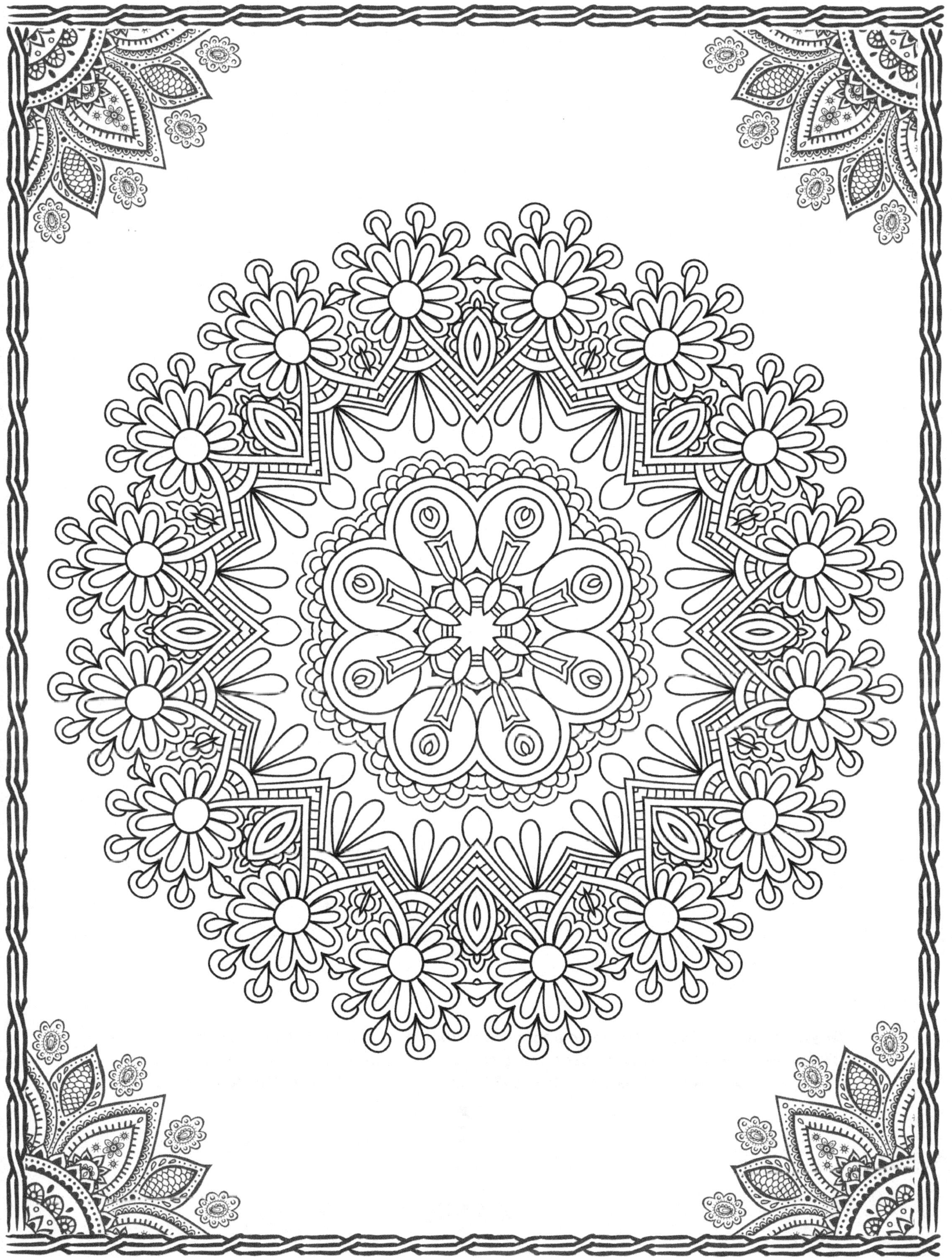

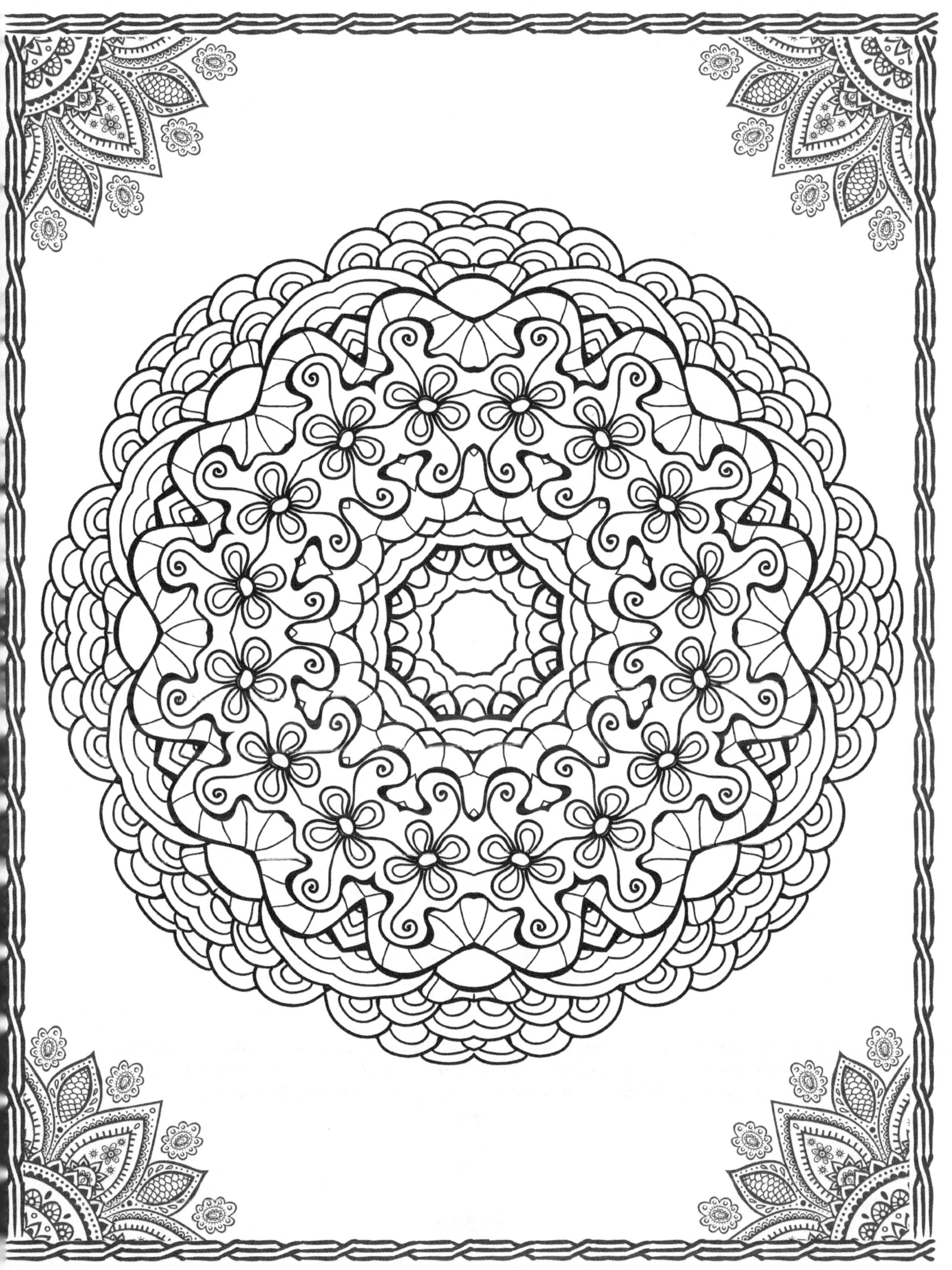

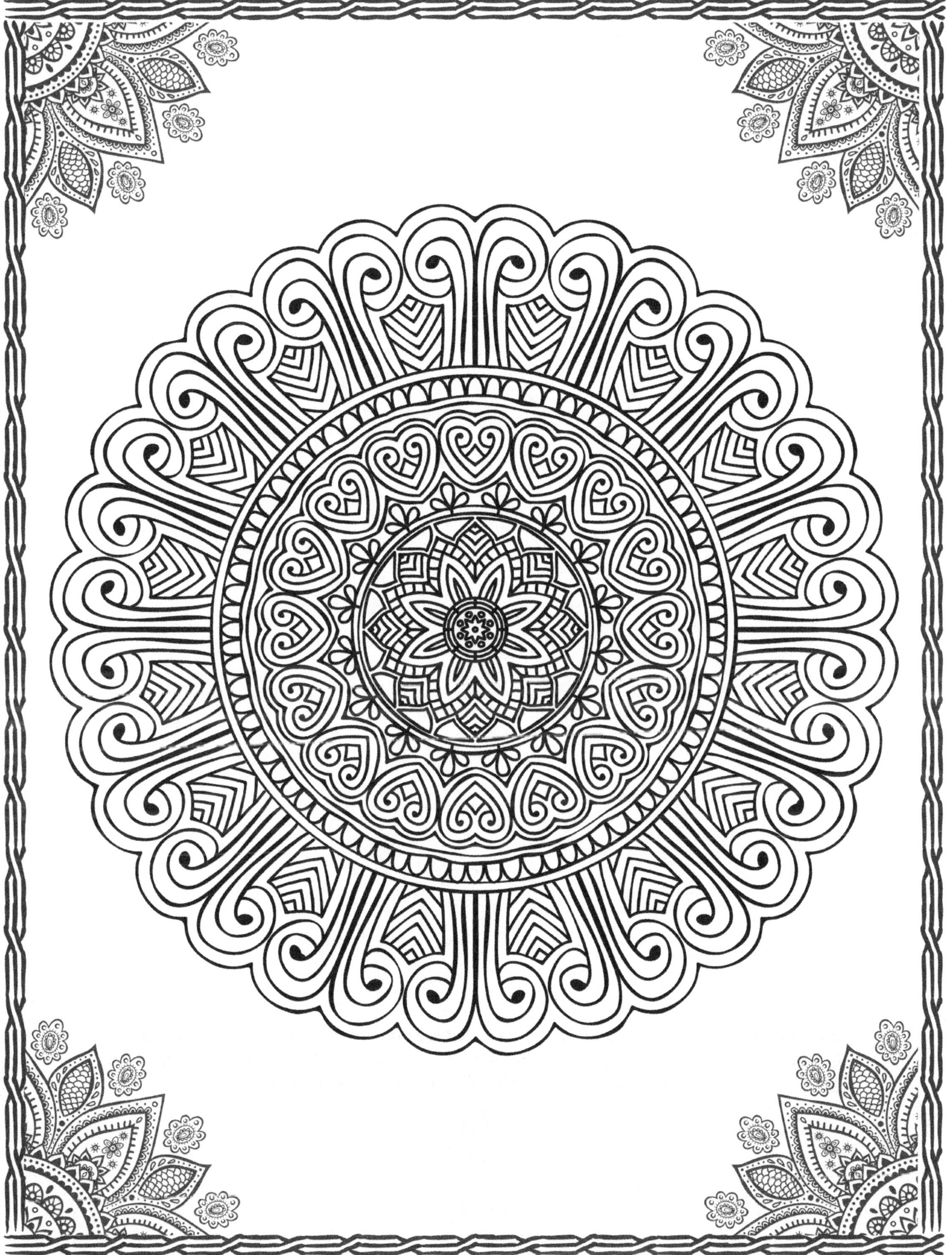

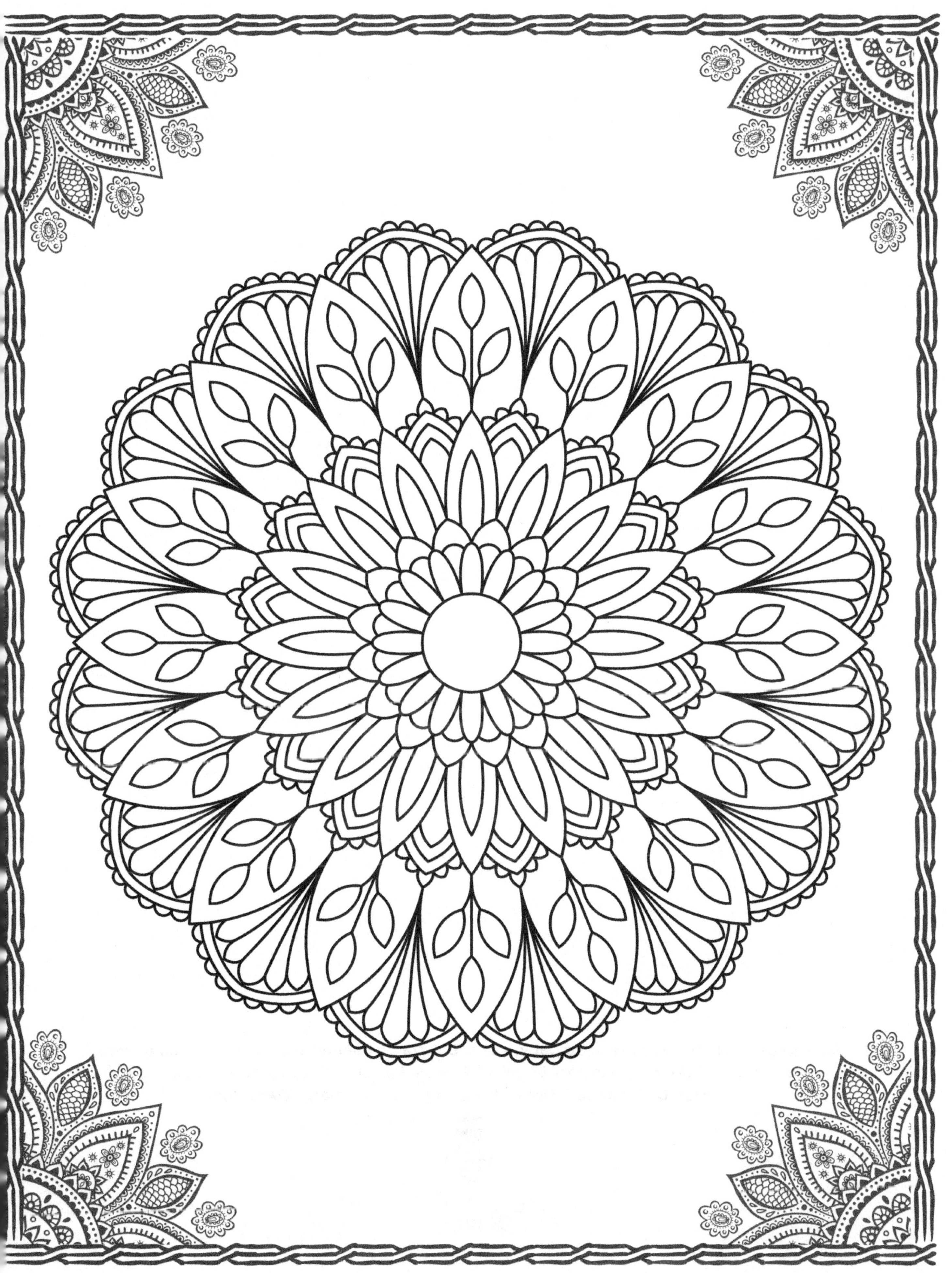

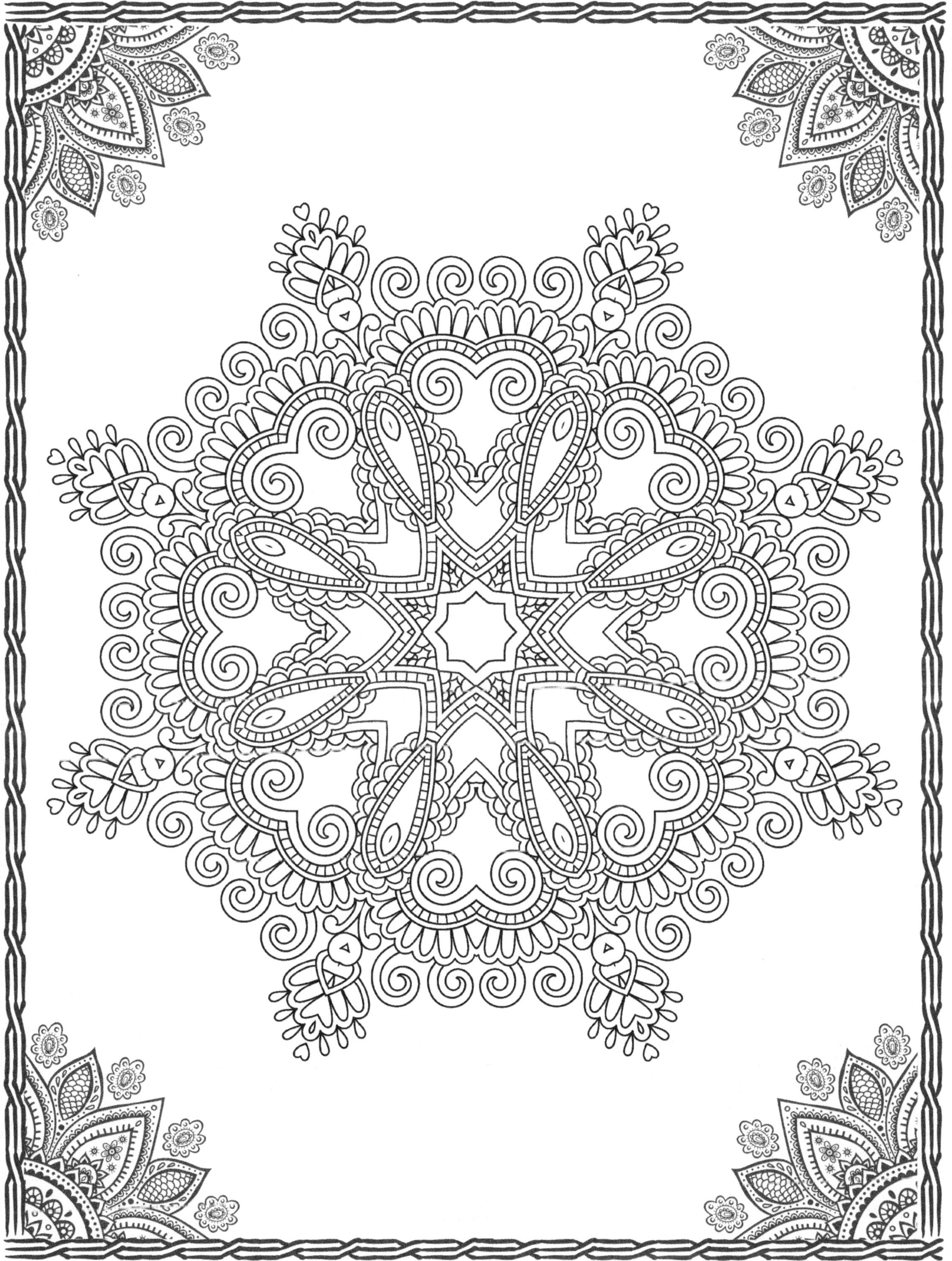

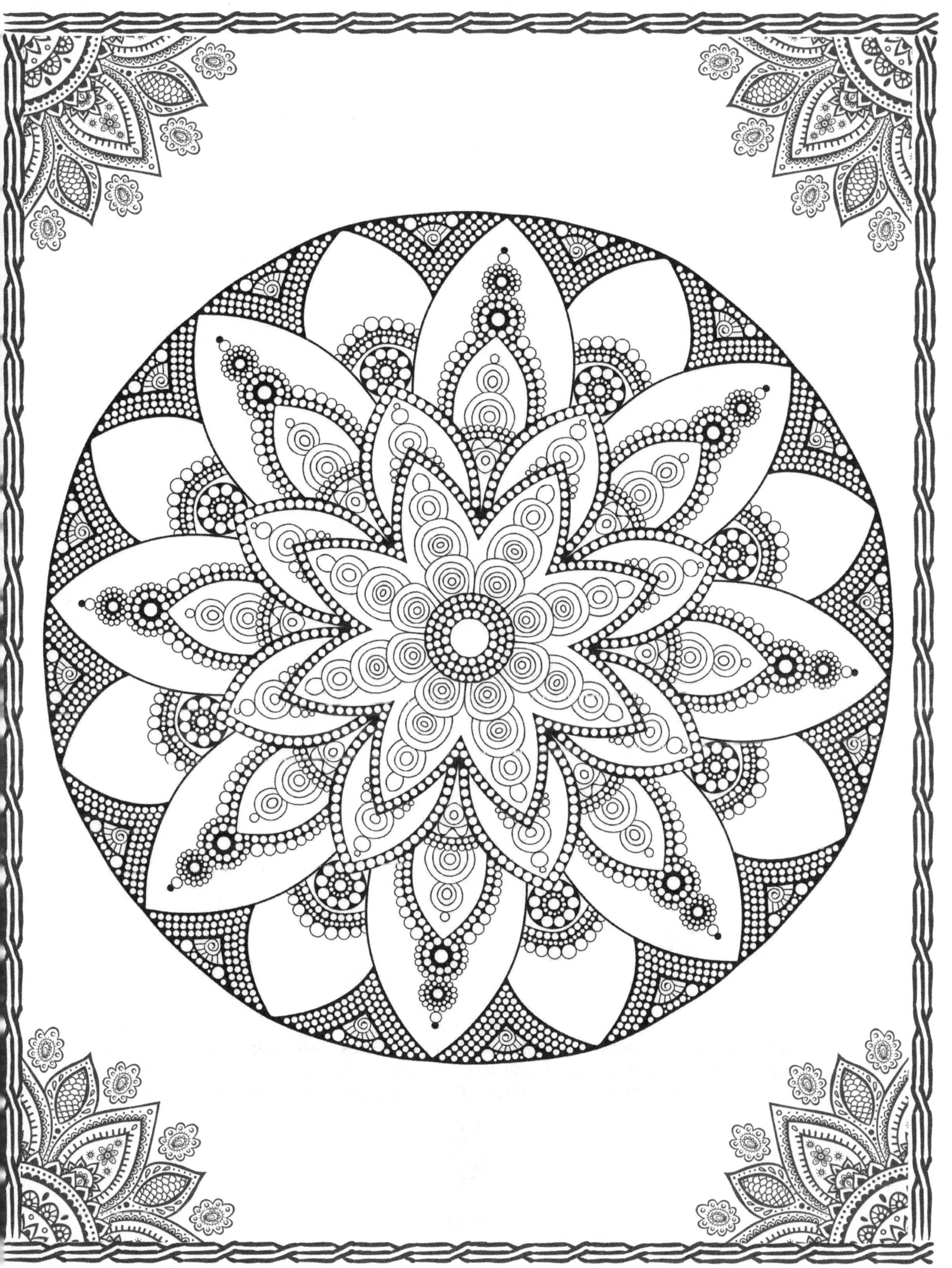

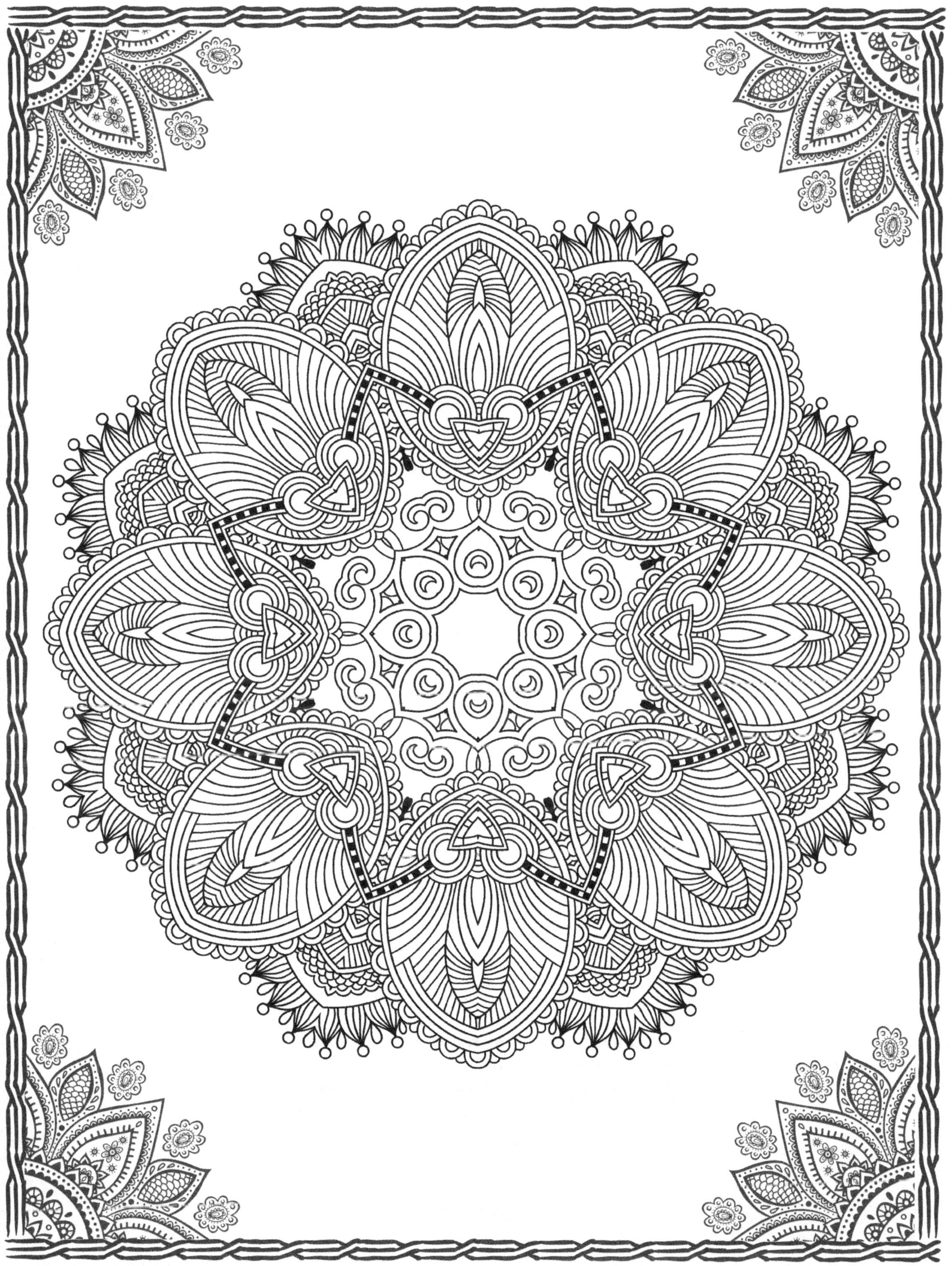

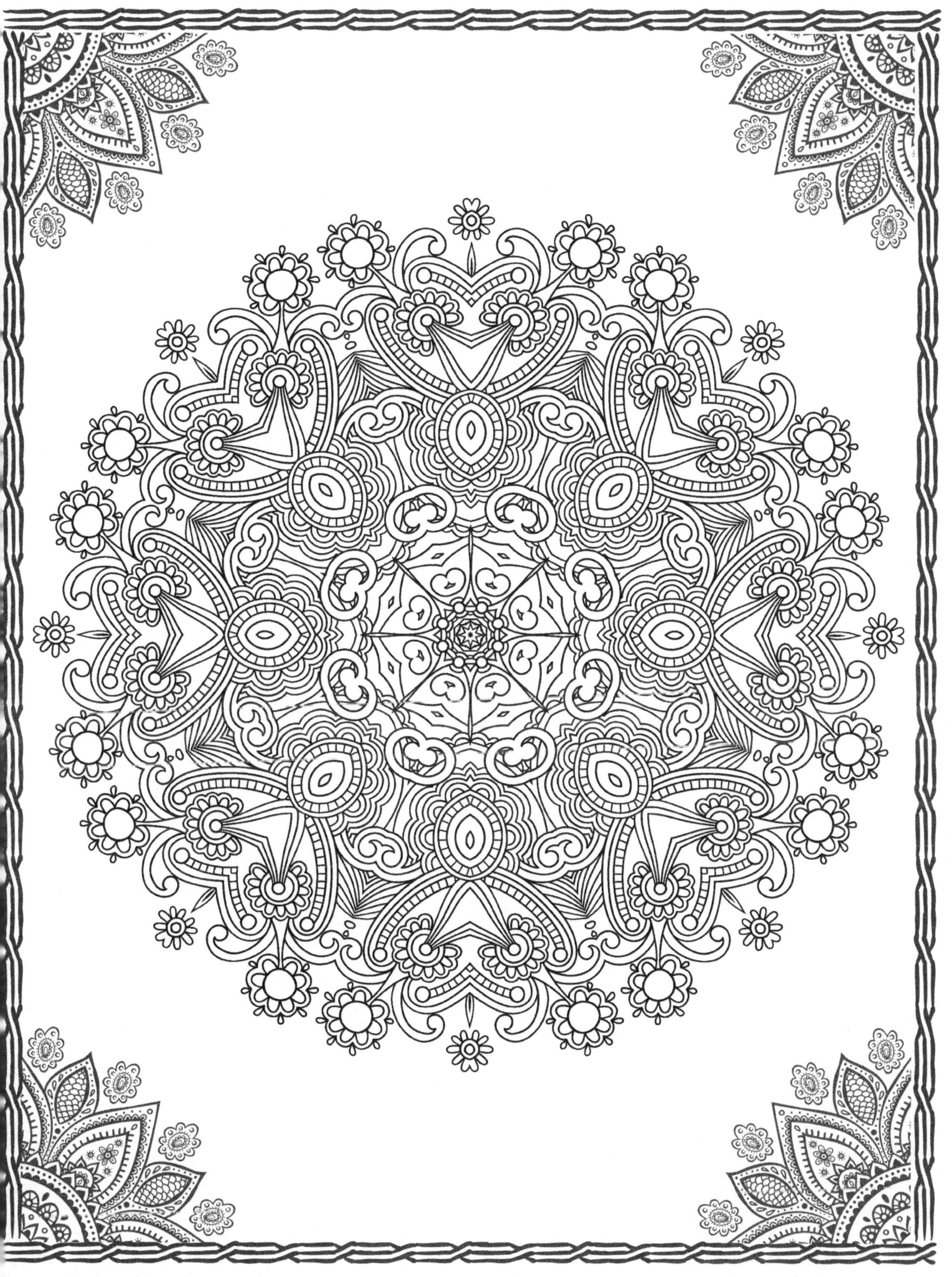

Made in the USA
Monee, IL
07 July 2026

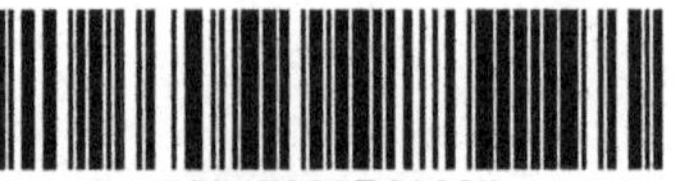